以新发展理念
提升高校思想教育质量研究

黄大周◎著

吉林出版集团股份有限公司

图书在版编目（CIP）数据

以新发展理念提升高校思想教育质量研究 / 黄大周
著 . — 长春 : 吉林出版集团股份有限公司 , 2020.4
ISBN 978-7-5581-8319-5

Ⅰ . ①以⋯ Ⅱ . ①黄⋯ Ⅲ . ①高等学校－思想政治教
育－教育质量－研究－中国 Ⅳ . ① G641

中国版本图书馆 CIP 数据核字 (2020) 第 047794 号

以新发展理念提升高校思想教育质量研究

著　　者	黄大周	
责任编辑	王　平　　李晓华	
封面设计	李宁宁	
开　　本	787mm×1092mm　　1/16	
字　　数	206 千	
印　　张	11.25	
版　　次	2021 年 3 月第 1 版	
印　　次	2023 年 4 月第 2 次印刷	

出　　版	吉林出版集团股份有限公司
电　　话	010–63109269
印　　刷	炫彩（天津）印刷有限责任公司

ISBN 978-7-5581-8319-5　　　　　　　定价：68.00 元

前　言

　　高校是意识形态教育的重要阵地，为应对新时代下国内外形势发生的深刻变化，必须坚持"创新、协调、绿色、开放、共享"新发展理念提升对大学生思想政治教育质量。加强大学生思想政治教育教学内容、形式和实践育人的创新；协调好思政工作主体，实践与育人之间的关系；绿色理念要求教师队伍可持续发展和各方面体现环保节能理念；做到教师队伍与教学内容形式的开放，允许更多交流；最终实现高校师生共享高校思政教育发展成果。

　　互联网思维对传统的思想政治教育是一场颠覆性改革，在实际运用过程中，需要学校、教师、学生共同努力，也需要政策的扶持和管理部门的大力支持，给互联网思维提供应有的实践空间。

　　思想政治教育是高校的重点工作，其对于学生健全人格的树立以及行为习惯的养成具有很大意义。在互联网深入发展普及的情况下，高校思想政治教育应该充分利用网络的优势，开展更具活力和效用的思想政治教育工作。因此，必须加强互联网思维在高校思想政治教育工作中的渗透和应用。

　　本书在撰写过程中，参考了许多相关文献，也获得了许多专家学者的支持和帮助，在此表示感谢。限于作者水平，书中难免有不足之处，欢迎各位读者批评指正。

目　录

第一章 思想政治教育概述

第一节 思想政治教育的内容

思想政治教育的内容，就是根据一定的社会或阶级的要求，针对受教育者的思想实际，经教育者选择设计后有目的、有步骤地输送给受教育者的一切信息。思想政治教育的内容蕴涵着思想政治教育的目的和任务，是思想政治教育目标的具体化，是教育者与受教育者互动的中介，是确定教育原则和方法的前提。思想政治教育内容的存在形式实质上是一种结构关系，即内容构成要素间的稳定联系及其作用方式，包括组织形式、排列顺序、结合方式等。

一、思想政治教育的基本内容

思想政治教育的基本内容，也就是思想政治教育内容系统的基本要素。分析和把握思想政治教育的内容系统及其结构，首先就要分析思想政治教育的基本内容。

思想政治教育包括以下基本内容：

思想教育：思想教育主要是进行世界观、方法论教育，着重解决主观与客观相符合的问题。不仅解决主观与客观是否符合的问题，还要解决主观与客观如何符合的问题。前者是加强世界观教育，后者是加强方法论教育的问题。加强世界观、方法论教育，关键是用马列主义、毛泽东思想和邓小平理论武装人们的头脑，把用科学的理论武装人作为思想政治教育的基础工程，提高受教育者认识世界、改造世界的能力，树立科学的世界观、人生观、价值观，克服资产阶级及其他一切剥削阶级的思想影响，同一切违背科学真理的错误思想和伪科学现象做斗争，巩固无产阶级的思想统治和社会主义意识形态的主导地位。当前，要注意加强马克思主义唯物论、无神论和现代科学知识教育，弘扬科学精神，提高人们识别、抵制和反对各种伪科学和封建迷信活动的能力。思想教育还要着力于解放思想，转变观念，指导和推动人们的工作、学习与生活。

政治教育：政治教育主要是进行政治理想、政治信念、政治方向，政治立场、政治观点、政治情感、政治方法、政治纪律等方面的教育，重点是解决对国家、阶级、社会制度等重大政治问题的立场和态度。要加强爱国主义、集体主义、社会主义教育，增强人民对党、对祖国、对社会主义制度的政治共识和深厚感情要加强党的基本路线教育，全面理解"一个中心，两个基本点"之间的辩证关系，坚持正确的政治方向，克服"左"和右的干扰要加强民主法制教育加强宪法教育，使受教育者正确认识民主与法制的辩证关系，增强社会主义民主意识与法制观念，自觉遵守宪法和其他各项法律，高度珍视与充分行使民主权利要加强公民教育，正确认识公民的权利与义务，增强公民的国家归属感和社会责任感，充分行使公民权利，履行公民义务，促进公民的政治社会化。

道德教育：主要是进行行为规范的教育，内化道德规范，形成道德观念，发展道德判断，培养道德情感，养成道德行为，提高道德素质。为此，要加强以为人民服务为核心、以集体主义为原则的社会主义道德教育，使人们树立与社会主义市场经济相适应的道德观念和道德行为，克服资产阶级腐朽的拜金主义、享乐主义、个人主义的错误观念的影响，正确认识和处理国家、集体、个人三者之间的利益关系加强社会公德教育，掌握和实行社会公共生活准则，维护公共财物，遵守公共秩序，爱护公共环境，参与公益事业，敢于见义勇为，勇于向不道德的社会现象和行为做斗争加强职业道德教育，树立爱岗敬业、诚实守信、办事公道、服务群众、奉献社会的职业道德，克服行业不正之风，改善服务态度，提高服务质量还要加强家庭美德教育，形成平等和睦的家庭关系和团结友好的邻里关系。社会主义道德教育的重要内容之一就是促进人与人之间的相互理解、相互尊重、相互关心、相互帮助，形成平等、友爱、团结、互助的社会主义新型人际关系。道德教育实质上是养成教育。因此，在进行道德教育时，重点不是认知道德规范，而是内化道德规范，践履道德规范，用道德规范来指导和约束自身的行为，提高道德自律能力，形成良好的、稳定的道德品行。

心理教育：主要是提高受教育者心理素质的教育。在改革开放和发展社会主义市场经济条件下，由于竞争机制强化，变化节奏加快，工作，学习、生活的紧张度增加，人们的心理压力也日益加大，一些人缺乏应有的心理承受能力，难以承受过重的心理负荷，有的甚至产生了一定程度的心理疾病。因此，心理教育的内容，就是进行心理健康教育和指导，使受教育者形成良好的个性，健全的人格，健康的情感，乐观的心态，坚强的意志，特别是要增强受教育者在激烈的竞争中勇于进取、不怕挫折、自强自立、艰苦创业的意志品质和能力。

二、思想政治教育内容实现路径

（一）准备与分层：思想政治教育内容的筹措

思想政治教育内容是思想政治教育内容实现的筹备阶段，是路径的起点。在这里，思想政治教育内容是面向全社会的，兼顾思想政治教育学科和宣传系统主张的思想政治教育内容，包括意识形态内容（马克思主义理论）、政治内容（政治、法制、社会制度、党的路线方针政策及形势）、思想内容（世界观、人生观、价值观、方法论或思维方式）、道德内容和其他内容（心理、健康、消费等新内容）。大体上，思想政治教育内容是以整体的形式存在于社会的各个阶层之中，但由于不同阶层的思想政治教育主体的眼界、格局不同，其所承担的任务也存在差异，因而，思想政治教育内容亦是以多层次形态存在的。根据各个阶层任务的不同，将思想政治教育内容分为顶层、中层、基层等三个层次。

1. 顶层思想政治教育内容

思想政治教育是国家进行意识形态教育、管理的主要途径，顶层设计于思想政治教育而言，起着方向引领的作用。顶层思想政治教育内容是国家意义上的思想政治教育内容。党的十八大提出了"五位一体"思想，经济建设、政治建设、文化建设、社会建设和生态文明建设为思想政治教育内容提供了直接性来源，并通过理论工作者的转化，成为思想政治教育内容。还有外交及国际关系、国防军队建设和党的建设也为顶层思想政治教育内容提供了多元化的视角。与此同时，习近平总书记系统重要讲话是顶层思想政治教育内容的又一重要来源，为思想政治教育内容提供了新思想、新观点、新方法。总之，顶层思想政治教育内容不是具体性的内容规定，更不是空洞的内容说教，而是从原则、方针、政策的高度对思想政治教育内容进行规定，是从国家层面的高度为具体的思想政治教育内容提供建构框架。

2. 中层思想政治教育内容

顶层思想政治教育内容属于国家层面的内容，而中层思想政治教育内容介于顶层思想政治教育内容和基层思想政治教育内容之间，属于社会层面的思想政治教育内容。如果说顶层思想政治教育内容提供了原则性的框架，那么，中层思想政治教育内容则提供了可操作性的"施工方案"。中层思想政治教育内容在顶层思想政治教育内容提供的原则性框架的基础上，进一步提供了具体践行的准则、评估的标准等，为思想政治教育内容实现提供了社会性的舞台。从组织机构上看，省市政府的宣传部门担负着思想宣传的重任。宣传部门承接来自国家意识形态主张，将顶层思想政治教育内容转译成宣传主张，借助自上而下的政治运作以及媒体的力量广而告之。但是，相对于国家层面的思想政治教育内容的统一性，中层思想政治教育内容更为复杂。顶层思想政治教育内容在自上而下传达、传播到社会层面的过程中，将会受到来自社会各个领域的力量的影响，促使中层思想政治教育内容发生变化甚至失真。这对于中层思想政治教育内容而言是一个挑战。

3. 基层思想政治教育内容

基层既可以指向个体，也可以指向群体（单位或者团体）。基层思想政治教育内容既可以是个体具备的意识形态、政治思想、道德观念，也可以是单位所承载的意识形态、政治思想、道德观念。基层思想政治教育内容与生活息息相关，不论是意识形态，还是政治思想，还是道德观念，都直接在具体的行为方式、生活观念等方面得到反映。相较于顶层思想政治教育内容和中层思想政治教育内容，基层思想政治教育内容具备明确的规定性，更为具体地规定了思想政治教育的基本内容，包括抽象的理论观点（意识形态内容、政治内容）、生动的思想观念（思想内容、道德内容）、具体的心理观念（健康、消费等）。总之，基层思想政治教育内容与日常生活、工作、学习保持高度的相关性，能够直接得到践行，能够以客观的评估标准进行评价。

（二）前提与要求：人的思想结构的考察

通过顶层、中层、基层思想政治教育内容的筹措，下一步就是进入人的思想。人的思想对于思想政治教育内容实现路径的考察有着前提性的规定。人的思想是思想政治教育内容的落脚点，思想政治教育内容终归是要进入到人的思想，成为人的观念的。那么，思想政治教育内容是如何成为人的思想观念的？这就有必要考察人的思想的内部结构。尽管人的思想是一个整体，是一个不可分割的统一体，但是通过对人的思想的向内、向外考察，人的思想呈现出三个层次的样态。

1. 思想

对于人的思想而言，思想是本体性存在。人之所以为人，就是因为人有思想。思想是依附于人而存在，但也具备相对的独立性。思想自成体系，以知识的形态客观存在。在思想政治教育之中，思想以思想政治教育理论的形态而存在，而在思想政治教育之外，思想以理论概念的形式存在。客观存在的思想，被人所吸纳、接受、认可，成为人的思想，思想被赋予了主观性。由此，思想主要分为主观、客观两个层次，主观的思想是随着人的变化而变化，客观的思想以知识的形态而保存着。不论主观与客观，思想的内容都是存在的。目前，学界一直在争论思想政治教育的本质是什么，进而区分出政治思想、意识形态、道德观念，并将之作为思想的内容。而笔者认为，思想政治教育中的思想的内容是分层次的，不同层次主体拥有着不同层次的思想。首先，道德观念是思想的底色，每一个主体都有不同程度的道德观念。其次，思想的差异性取决于主体的"格局"，以意识形态性为核心的思想是统治阶级的思想，而以政治性为核心的思想则更趋向社会大众。

2. 思想与人

思想是依附于人而存在的，不同的人有不同的思想，离开特定的人谈思想就变成了"抽象的思想"，就失去了思想政治教育的针对性客观的思想一旦进入人，就获得了"血肉"，转化成人的主观思想。在新的主观思想与原有的主观思想融合的过程之中，伴随着人的观察、思考，得到持续性的补充、丰富、发展。思想政治教育中的思想有两个主体，一是思想政治教育实施者，二是思想政治教育对象，前者的主体是统治阶级或一定政权主体的代表，而后者的主体是"自然人"，两者有各自相应的背景、眼界、格局，在思想政治教育活动中构成复杂的思想组合。由此，思想与人是相互依存的，思想与人的结合共同促成了人的思想的形成，人的思想内在地存在于人的头脑之中，主观地调节着、影响着思想政治教育内容的实现程度。

3. 人的思想与社会环境

考察人的思想，除了向内观察以外，还有就是向外观察，即联系社会环境（时代、社会、阶级、行业、职业、团体、家庭等）对人的思想的影响，力求全面地认识人的思想。人的思想包括个体思想和群体思想，他们都生长、生活于社会环境之中，与社会环境发生相互联系、相互作用。可见，人的思想具备社会性。社会的变化会影响人的思想，人的思想的整体移易会促进社会意识的变革。具体到个体，通过家庭、学校、单位等中介接收来自于社会的影响，与此同时，个体会寻求群体的"保护"，借助群体的力量回应社会。在思想政治教育内容的实现过程中，人的思想除了被动接受思想政治教育内容的输入之外，还会主动接收来自社会环境的多方面的影响，以此提升自身思想的完满度。人的思想与社会环境之间的互动关系，保证了思想—人的思想—社会环境之间的横向联动，也为思想政治教育内容进入人的思想提供了社会性条件。

（三）过程与目标：思想政治教育内容的实现

在了解了思想政治教育内容的筹措、人的思想结构之后，思想政治教育内容实现的过程就进入到笔者的视野。从外部理论转化成思想政治教育内容，再进入人的思想，进而成为人的观念，这是思想政治教育内容实现的基本路径。在这一路径上，不同层次的外部理论经过层层转化形成思想政治教育内容，呈现出内容的多层次特征，可见，思想政治教育内容是外生的。人的思想也是多层次的，从思想到人的思想到社会环境，人的思想与社会环境是密切互动的。不论是思想政治教育内容，还是人的思想，两者有一个共同的特征，那就是由外而内的路向。从思想政治教育内容进入人的思想，这也证明了思想政治教育内容实现路径也是有层次的，是由外到内的，而不是由内到外的。

1. 外部理论转化为思想政治教育内容

外部理论是思想政治教育内容实现路径的起始点，包括了国家层面的顶层设计理念、社会层面的中层管理理论、基层层面的具体实施理论，更为具体的则是国家的方针政策和指导思想、社会管理评估标准、基层实施细则等。除此之外，外部理论还包括了来自西方的思想理论以及随时代变化而新兴的理论。外部理论是比较庞杂的，转化成思想政治教育内容，还需要思想政治教育理论工作者的筛选、转译。思想政治教育内容包括了顶层思想政治教育内容、中层思想政治教育内容、基层思想政治教育内容等三个层面的内容，其共同包含了意识形态内容、政治内容、思想内容、道德内容和其他内容。思想政治教育理论工作者根据国家意识形态要求、思想政治教育内容的需求、社会意识需求，综合考虑，并以一定的思想政治教育理论框架整理、筛选外部理论，将之归入不同层面、不同类型的思想政治教育内容之中。当然，纯粹的外部理论的搬移，乃是内容的堆叠，久而久之，造成思想政治教育内容实现路径的堵塞，于思想政治教育内容是无意义的。面对庞杂无序的类思想政治教育内容，思想政治教育理论工作者需要进行一定程度的转译。将类思想政治教育内容转译成思想政治教育内容是一项巨大的工程，需要理论工作者的耐心、细心、恒心。

2. 思想政治教育内容进入人的思想

层次性是思想政治教育内容与人的思想的共同特征。从时间先在性的角度看待思想政治教育内容实现路径，思想政治教育内容与人的思想是存在先后顺序的。从整体准备上，思想政治教育内容与人的思想是同时准备好的，而在具体的过程中，思想政治教育内容先在于人的思想，思想政治教育内容承载着人的思想的内容，人的思想扮演着接受者的角色，接收来自思想政治教育内容的输入。实质上，思想政治教育内容进入人的思想是一个不断接受的过程。思想政治教育学科理论要求与宣传系统的主张经过转化成为思想政治教育内容，即是客观存在的思想，与此同时，与人、社会发生互动，进入人的思想。在这里，思想政治教育内容经过思想—人的思想—社会互动，最终进入人的思想，这是一个层层递进的过程。但是，要注意的是，人是思想政治教育的主体，是思想政治教育内容筹备的主体。在思想政治教育内容进入人的思想的过程之中，要高度重视人的主体性的作用。人的主观能动性对于思想政治教育内容进入人的思想的程度有着很大的影响。人若从主观上拒绝，那么思想政治教育内容的输入是低效的。同时，思想政治教育内容的传播程度、理解程度也影响着思想政治教育内容进入人的思想的效度。若思想政治教育内容的传播能力欠缺、理解难度较高，那么它辐射、影响人的思想的能力也是微乎其微的。

3. 思想政治教育内容成为人的观念

思想政治教育内容进入人的思想是一个被动接受的过程，那么思想政治教育内容成为人的观念则是一种内化的过程，暗合思想政治教育内容由外到内的实现过程，符合思想政治教育以人为中心的主张，达到了思想政治教育内容实现的理想阶段。首先，思想政治教育内容成为人的观念是一个内嵌的过程。思想政治教育内容成为人的观念，不是让思想政治教育内容取代人的原有观念，而是将思想政治教育内容的新主张内在地嵌入到人的思想观念之中，成为人的思想观念的一部分。其次，思想政治教育内容成为人的观念是一个潜移默化的过程。潜意识深藏于人的表层意识之下，一般情况下是不会显露出来的，根据弗洛伊德等人的研究，人的思想在很大程度上受到人的潜意识的影响。思想政治教育内容转变成人的观念，就需要符合人的潜意识的需求，这就产生出了新的研究内容，即思想政治教育与潜意识的关系，在这里暂且不表。最后，思想政治教育内容成为人的观念是一个不断认可的过程。认可是人接纳外部理论成为自身内在观念的必要过程。思想政治教育内容成为人的观念也是需要认可的过程，这一过程更像是一种仪式，思想政治教育内容被人的主观思想认可，内化为人的观念，进一步为外化于行做好了准备。从外部理论到思想政治教育内容，再到人的思想，再到人的观念，思想政治教育内容实现路径是一个循序渐进的过程，是层面与层次相互交叠、深化的过程，需要思想政治教育理论工作者不断深入挖掘。

第二节 大学生思想政治教育基本内涵及功能

人对社会的认识是不断变化的，当一个人原有的需要得到了满足，便会产生新的思想问题，所以要根据不同的需要，灵活采用不同的工作方法来解决新的问题。对于从事思想政治教育的工作者而言，在解决低层次矛盾的同时，一些高层次的矛盾也需要注意。作为高校的思想政治教育工作者，我们首先要明确思想政治教育的基本内涵。

一、大学生思想政治教育的含义

大学生思想政治教育将马克思列宁主义、毛泽东思想、邓小平理论、"三个代表"和中国梦重要思想作为为理论基础；以马克思主义的"三观"（世界观、人生观、价值观）教育为主要内容，以提高人们认识世界和改造世界的能力，动员广大干部群众为建设中国特色社会主义最终实现共产主义这一崇高理想为根本目的；以培养大学生有理想、有道德、有纪律、有文化的社会主义"四有"新人为根本任务。

传统的大学生思想政治教育在我国已经发展近三十年，教学模式已基本成熟，其主要从道德修养方面对学生加强培养，长期以来思想政治教育被称为"道德教育"的原因便在于此。大学生思想政治教育以马克思主义科学理论作为基础，以党的政策方针作为指导，具有实效性和实践性，通过思想政治教育专业技能与方法的基本训练，规范大学生行为习惯，培养大学生掌握从事思想政治工作的基本能力，并渗透到高等教育的各个教学过程和管理流程之中。

大学生思想政治教育是针对当代大学生进行思想教育的一门科学，而非形式，其主要研究大学生的思想现状、意识形态、理想信念和发展规律。大学生是最有活力的一个群体，可塑性强，社会化程度高。大学生思想政治教育要想取得成果就必须与大学生自身的特点和规律紧密联系起来。坚持"育人为本、德育为先"。从教育方式来看大学生思想政治教育，其主要分为两个方面，及内化和外化。首先内化具有一定的抽象性，主要通过课堂对学生进行思想不断的引导，使大学生转变学习态度，将被动接受教育的学习态度转变为主动学习的态度，把外在的要求变为受教育者的自觉行动，同时有意识地将思想政治教育的教学内容，与自身的思想意识相结合。

二、大学生思想政治教育的目标

强国必先强教。中国未来发展、中华民族伟大复兴，关键靠人才，基础在教育。习近平总书记在谈教育时多次指出我们要紧扣时代精神，强化思想引领，把立德树人的根本任务落到实处。从党的十八大报告到习近平总书记的五四讲话，中央反复强调教育的根本任务就是立德树人。也就是大学生思想政治教育始终作为工作灵魂的"育人为本，德育为先"。

新形势下大学生思想政治教育就是要把大学生的全面发展和综合实力的提高作为培养目标，其核心是德育教育。在日常教学活动中要针对当代大学生的时代特征，做到小课堂与大课堂并重、学校与社会并重、解决思想问题与解决实际问题并重、他律与自律并重、灌输与渗透并重。要勇于仓4新，循循善诱，提升大学生思想道德素质、科学文化素质、身心健康素质。随着社会的进步和发展，大学生思想政治教育工作已经融入广大师生们的日常生活中，思想政治教育所蕴涵的内容在不断丰富与深化。通过实践来完成教育活动的形式正普及开来。

三、大学生思想政治教育的主要内容

关于大学生思想政治教育的主要内容，首先必须明确两点：既教育目标和教育对象。其次，必须深刻理解大学生思想政治教育的性质，牢记大学生思想政治教育的多变性和丰富性。在教学过程中教育者要针对大学生思想政治教育的相关内容全面、广泛、具体、深入的学习，大学生思想政治教育的主要内容随着时代的变化不断丰富和发展，就目前来说大学生思想政治教育的主要内容是：以理想、信念教育为核心，深入进行树立正确的世界观、人生观和价值观教育；以爱国主义教育为重点，深入进行弘扬和培育民族精神教育；以基本道德规范为基础，深入进行公民道德教育；以大学生全面发展为目标，深入进行素质教育。

（一）大学生理想信念教育

大学生理想信念教育主要指大学生的奋斗目标，反映大学生对未来的向往和追求。是大学生对未来现实奋斗的动力。要使大学生的理想信念教育不断强化，必须使他们坚定马克思主义的伟大旗帜，树立共产主义终将实现的伟大理想，确定正确的世界观、人生观、价值观。思想政治教育的根本目的和性质，就是理想信念教育，大学生只有把崇高理想信念内化到自己的人格中去，大学生思想政治教育的精髓便可以融入大学生意识形态当中。相关研究表示理想信念教育的成果，是衡量思想政治教育的成败的重要标准。

（二）大学生爱国主义教育

大学生爱国主义教育是民族精神的核心，是国家凝聚力的源泉，是动员和鼓励全国各族人民团结的标志，是中国社会进步的强大驱动力。大学生爱国主义是一种崇高的道德情感，主要包括爱国情怀、爱国思想和爱国行动三个方面。在当代中国，大学生爱国主义最鲜明的特点，就是将爱国主义与坚持四项基本原则相结合，把实现中国梦作为最根本的奋斗目标。将爱国主义融入大学生思想政治教育当中，就是要引导大学生们热爱祖国，以提高民族自尊心、民族自豪感和民族自信心为目的，坚持发扬爱国主义精神。

（三）大学生思想道德素质

大学生思想道德素质具有丰富的思想内涵，包括高尚的社会公德（主要包括文明礼貌、助人为乐、保护环境）、良好的职业道德（主要包括办事公道、诚实可信、爱岗敬业、奉献社会等），正确的世界观、人生观、价值观，文明的行为美德（主要指爱护公物、文明行为举止）等等。道德素质教育对高等院校中对大学生的培养和发展起着重要的导向、动力和保障作用。目前把德育与素质教育有机地结合起来是加强和改进高校道德素质教育的关键，使之在大学生全面发展的过程当中起到核心保障的重要作用。因此，必须切实加强大学生道德素质教育。

（四）大学生全面发展素质

大学生全面发展素质具有丰富的内容，概括起来主要包括思想道德素质、人文素质、创新素质、科学文化素质、身体健康素质、心理素质、个性素质和审美素质等方面。以上几个方面相互依存、相互渗透，具有密切的内在联系。大学生思想政治教育的前提是大学生们在学习的过程中保持身心健康，同时文化素质和思想道德素质得到均衡的发展。

四、大学生思想政治教育的功能探讨

（一）以人为主导的思想政治教育价值观念

党中央提出科学发展观，是以人为本的科学发展观，同时也是大学生思想政治教育的根本目标。以人为本就是社会的一切发展不但依赖于人的发展，同时人的本身也是发展的目的。文本发展观是以书本出发、从理论出发的一种发展观。大学生思想政治教育中，人本发展观是与文本发展观相对立的，后者没有兼顾人的发展，只重视了文本，这样便容易出现教条主义和形式主义。改革开放使得高校的思想政治教育逐步向解放思想、实事求是的方向发展，也逐渐摒弃了教条主义和形式主义。高校的思想政治教育是把人的发展作为基本出发点，使教育成为学生自身发展的条件。只有这样，思想政治教育才能实现应有的价值，才可以让思想政治教育的作用得以体现。

（二）全面引导学生发展的思想政治教育

大学生思想政治教育宗旨就是全面实现社会和人的发展，大学生思想政治教育就是要保证学生的全面发展。人的本质属性是物质的、社会的和精神的，在一定的社会条件下，生存和发展的物质条件是要同时拥有的，同时还要慢慢地积累和丰富自己对社会的认识，拥有自己的精神生活，发展自己的方式既有物质的，又有社会的和精神的。这样个人在进行全面发展时，才会有侧重点，既协调发展又不会互相替代，由于以前在讲人的全面发展的时候，主要强调的是社会性，忽略了物质性，这样的结果导致了人们缺乏物质追求，空谈精神追求，结果造成社会生产的拉动力不足，不仅物质生活水平不能得到提高，同时精神文明建设也缺乏有力的支撑和发展后劲。

另一方面，当人们追逐着物质利益的同时，却忽视了政治与道德的底线。这在社会和学校里也引发了一些争论。学生们思想上的迷惘和困惑，不能在精神和理论的层面上找到答案，因此一些学生出现了急躁、浮躁、烦躁的情绪；一些学生拥有现代化的物质生活条件，却仍然缺乏幸福感，烦恼不断。这些不但阻碍了学生的发展，同时还会对社会造成危害和损失。为此，作为思想政治教育者要从理论上启发学生对于马克思主义关于人的本质与全面发展理论的学习，切实全面把握人的本质并确立全面发展的目标，增强学生对于由于人类片面发展带来危害的认识，防止那些盲目发展倾向的产生，对人类发展上的经验教训要有所吸取。

（三）协调学生持续发展的高校思想政治教育

科学发展观是要协调社会和人的发展，这正是科学发展观的重要内容，大学生思想政治教育也要遵循这个原则。协调发展就等同于全面发展，如果没有全面发展，那么协调发展也就没法进行。所以，在人的协调发展中，要有科学、合理的发展观，这正是大学生思想政治教育的目标。协调发展，就是指在人的发展过程中所处的环境、条件的互动与和谐，而不是分裂与对抗。人的全面发展与协调发展是有机地联系到一起的，不可割裂。我国的科学技术在一定的时间内相对比较落后，对自然的开发也不够充分，科学技术的水平还需要进一步的提高，这从我国长期的历史和现实情况就可以看出。所以我们要充分提高学生的科学技术水平。大学生思想政治教育是一项长期并且艰巨的任务，这个任务如果没有完成，那么学生和自然之间的协调性就会停留在最低层上。学生的发展同社会的发展一样，也存在长远发展和眼前发展的问题，为使学生能够健康稳定地持续发展，需要引导学生自己处理好眼前发展和长久发展的关系。

（四）构建和谐校园是大学生思想政治教育的追求

构建和谐社会是我们的共同价值理想，也是大学生思想政治教育的价值目标和自觉的价值追求。和谐校园是建设和谐社会的必然要求，必须充分发挥思想政治教育的作用，不断创新思想政治教育的内容和载体，为学生的全面协调可持续发展提供条件，把构建和谐校园作为大学生思想政治教育的价值追求。

第三节 大学生思想政治教育的重要性

一、影响大学生思想政治教育的主要因素

从国际方面看，进入 21 世纪之后，西方发达国家通过各种渠道加强文化输入，试图对发展中国家青年的价值观进行潜移默化的改变。由于西方发达国家在某些方面的先进性，导致其在文化的融合过程中处于主导地位，在与西方文化的交锋中，无不渗透着西方国家企图利用人权、民主等问题来进行和平演变的战略图谋。以大学生为代表的青年一代正处于价值观、人生观、世界观形成的关键时期，极易受到外来思想的影响。

从国内方面看，随着改革开放的进一步深入，社会主义市场经济不断发展，社会主体日益多元化，人民生活水平不断提升，但另一方面又带来多元化的社会利益矛盾，这在客观上为大学生多样性实用主义价值论提供了条件。改革开放特别是市场经济，强化了人的主体意识，受利益机制的驱使，人们更加注重个人的物质需要和经济利益。目前，我国的市场经济社会中多种社会经济形态并存，多种生存发展方式并存，因此，使得个人的理想信念和追求具有多元化的趋势。随着改革开放的深入，社会利益矛盾逐渐显现，导致年轻的大学生人生追求与信念的功利性，片面追求经济物质需要，严重削弱了对共产主义理想信念的追求，这势必影响大学生的崇高理想与科学信念的

形成与发展，不利于大学生的全面发展。

另一方面，互联网的快速发展对当代大学生的理想信念教育带来了严峻挑战。互联网在加速各种文化的相互吸收和融合，促使各种文化在广泛传播中得到发展的同时，也将不同的意识形态、世界观和价值观、伦理道德观念等四处传播，对受众群体产生着潜移默化的影响。一些西方国家特别是西方敌对势力利用这一平台对我国进行意识形态渗透，宣传、灌输资产阶级的政治思想和价值观念，这些必然对大学生的理想信仰带来冲击和考验。

二、加强大学生思想政治教育的必要性

（一）随着社会的发展，各种思想邻里群起，需要加强思想政治教育

进入社会发展新阶段，综合国力竞争日趋激烈，各种矛盾错综复杂，社会关系更为敏锐，新情况、新问题层出不穷，特别是改革开放以来，我国社会主义市场经济体制经历初步确立、发展和完善，期间伴随着西方等资本主义思想的不断侵入、腐蚀，人们的价值观及其行为模式等不可避免地面临挑战，发生变化。这些变化，大部分是积极的、符合时代发展潮流的，但是，也存在消极的、有害的。如西方拜金主义、享乐主义、个人至上主义等等，对一部分人特别是处于成长期的大学生产生了不容忽视的影响，不仅仅影响着他们待人处事的态度，更有甚者会影响他们人生观、价值观，对社会贡献观及自我价值的实现等。

要大力弘扬思想政治教育中的爱国主义精神，坚持爱国主义与社会主义的高度统一，时刻心系民族命运、心系国家发展、心系人民福祉，以理想信念教育为核心，使爱国主义精神在新的时代条件下发扬光大，不断深化对我国历史和国情的认识、对改革开放 30 年伟大进程的认识，增强当代大学生民族自尊心、自信心和自豪感，坚定跟党走中国特色社会主义道路、实现中华民族伟大复兴的信念。这样才能更好地利于大学生正确的世界观、人生观、价值观的养成，抵制不良因素的影响。

（二）社会公德状况不尽如人意，并存许多新道德困惑，必须加强思想政治教育

在思想道德中，社会公德是最基本的，也是最贴近我们生活实际的。社会公德是全体社会成员必须共同遵守的道德，是社会主义道德体系的重要组成部分，是人们为了维护公共利益和社会生活秩序，协调人们之间的关系而形成的最简单的行为准则和起码的道德标准。在当前情况下，虽然我国社会

公德状况比以前有了改善，但由于各种因素的影响，总体形势不容乐观。部分大学生认为深层次的道德观念和具体行为选择之间存在着差异，肯定社会公德的意义，强烈要求改善社会公德，但对自身的道德实践却缺乏同样严格的要求，对现实中表现出无可奈何、默认，甚至接受。加上由于社会对一些现象不能做出明确的道德评判，直接影响部分大学生行为的选择和道德的困惑。在日常生活中奉行中心主义、缺乏道德约束、我行我素、行为失衡的现象也已成为部分在校大学生中存在的一个突出问题。

青年素有开风气之先的光荣传统，在道德修养上应该有更高的追求。这不仅会对社会进步产生积极的影响，也会对自己一生的奋斗产生长远而巨大的作用。作为青年这一群体的中流砥柱——大学生，不仅要继承和发扬我国优良传统美德，还要对社会主义建设中所形成的新的道德观念、道德规范、道德风尚加以学习和实践。重视思想政治教育的基础核心作用，倡导社会公德，进一步强化大学生责任意识和奉献精神，引导大学生从身边的事情做起，从具体的事情做起，着力培养良好的道德品质和文明行为，培育健康文明的生活方式，不断提高大学生道德文化生活的质量，建立与时代发展相适应的具有自我发展、自我约束机制的道德规范和行为规范，从整体上推动我国社会主义精神文明的建设和文明和谐社会的构建。

（三）新媒体对大学生生活、思想产生了巨大影响，要求重视思想政治教育

随着科学技术的不断发展，网络的全球覆盖，以数字杂志、手机信息、移动电视等形式为代表的新媒体飞速崛起，并快速占据广泛市场，对人们的社会生活产生了巨大的影响。大学生作为这种数字化生活的最先体验者之一，在体验与世界同步发展的快捷信息和平台的同时，行为习惯及思维方式也受到了极大的冲击和影响。

虚幻的网络世界，减少了来自社会因素、周边因素及个体因素等干扰，网络成为大学生发泄紧张学习生活、日常交际压力，表达思想观点、倾诉心声的首选场所；透过网络提供的多样平台，大学生个性化得到极大张显，网络成为其随心畅游的首选场所；由于网络提供了大量的资源，还伴有部分人"成长的经验"，网络逐渐成为大学生寻求帮助的首选场所，等等。网络，毋庸置疑给大学生提供了快速的信息交流平台，多彩的展示平台，慢慢改变着传统的生活方式，然而其开放性、虚拟性、缺乏规范性，容易使大学生摆脱现实社会诸多人伦、道德因素的制约，极易放纵自己的语言行为；主流和异端思想并存，影响大学生个人责任意识、道德意识、社会意识。甚至有些大

学生活在网络虚拟世界里，忘却了现实中人际需求、个人价值需求，逐渐迷失其中无法自拔。

以思想政治教育为基石，以马克思主义思想文化为主导，利用新媒体这个双刃刀，丰富思想政治教育内容和形式，开辟更有效的方式，针对性地、有效地规范、引导学生发展新媒体文化，更好地为我国社会主义发展服务。

（四）大学生个性鲜明，自我目标缺乏，要求不断加强思想政治教育

当代大学生大多出生在生活环境相对优越的环境下，较好的物质生活与较重的学业压力越来越明显地形成反差。总体上来看，在长期以来受到的思想政治教育影响下，当代大学生思想政治状况的主流是积极的、健康的。但是，我们同样不能忽视其存在的种种问题。据调查，近30%的大学生缺乏明确的理想、信念和人生计划，但其自我意识强烈，渴望表现个性。长期处于优越的环境，使其大多更注重索取，奉献精神较弱，心理承受能力较差，受挫后自我调节修复能力弱，学习动力不足，个人奋斗目标不明确，自我价值实现缺乏目的性。这些特点，不利于其思想成长，不利于团队合作和集体发展，进而会影响其步入社会后自我价值的实现和对社会发展的贡献。

不断加强大学生思想政治教育，把教育落到实处，以科学发展观为指导，积极鼓励大学生参加社会实践，向人民群众学习，磨炼意志，增长才干，切实提高个人能力，明确个人奋斗目标，健康快速成长，努力打造高素质人才——不仅有厚实的科学知识积累，也有良好的品德修养，实现自我价值、服务社会的目标。

三、大学生思想政治教育的重要性影响分析

（一）大学生思想政治教育是知识经济时代之需、是转型期国家发展之需

21世纪是知识与人才竞争的世纪，是知识经济世纪。知识经济是主要依靠知识创新、知识创造性应用和知识广泛传播而发展的经济。要想在知识经济时代的竞争中处于不败之地，就得提高我国大学生整体素质，首先必须从思想上引导大学生，培养高尚的社会主义情操。我国目前为大学生进行思想政治教育是应知识经济发展时代所需而进行的。

从国内社会环境来看，我国目前正处于社会变革时期，在转型时期为我国大学生在一定程度上营造了良好的社会条件，形成了融洽的政治氛围，当

然也具有了新的挑战和机遇。由于目前我国社会转型期具有动态性、复杂性，尤其面临国际复杂的政治环境的影响下对大学生进行思想教育势在必行；通过加强思想政治教育，树立积极向上的人生观，价值观、世界观，才能使国家社会主义事业保持长远的快速发展。

（二）大学生思想政治教育的重要性是由其自身的地位和功能决定的

1.思想政治课的地位决定了大学生思想政治教育的必要性

首先，从政治地位上看，教育是具有阶级性的活动。我国的教育是社会主义教育，学校给大学生上思想政治教育课目的就是为了让大学生思想政治始终坚持与社会主义的政治方针政策保持一致，紧随社会主义的步伐。学校教育工作者努力培养高素质全面发展的社会主义接班人，因此具有鲜明的意识形态特征。其次，从德育地位来看，思想品德课是大学生德育工作的主要途径。

2.思想政治课其功能凸显大学生思想政治教育的必要性

总体来看，大学生思想政治课主要有智育、教育以及德育等重要功能。

（1）教育功能，是指有目的地培养大学生有一定的政治观念、信念和信仰的功能。有助于不断提高大学生政治素养，使大学生自觉坚持四项基本原则，树立正确的政治方向。

（2）德育功能，是指培养大学生形成一定的道德意识并引导其道德行为符合规范的功能。它可以使大学生学会处理个人、集体和国家三者利益之间的关系，正确对待挫折和失败，进而树立科学的世界观、人生观和价值观。

（3）智育功能，主要是大学生要掌握科学技术、专业知识，这将使得大学生可以通过科学的方法看待问题，并提高分析和解决问题的能力。

（三）大学生思想政治教育是大学生实现全面健康发展的主要途径

1.大学生进行思想政治教育有利于大学生树立远大的理想，做有理想的人

通过对大学生的思想政治教育，可以使大学生树立为共产主义事业奋斗终生的远大理想。思想政治教育在思想上帮助大学生树立远大的理想，同时将自己的理想与伟大的社会主义事业结合在一起，通过实现自己的职业理想，为富强、民主、文明、和谐的社会主义现代化国家的建设增砖添瓦，也为共产主义远大理想的实现奠定基础。

2.大学生思想政治教育有利于大学生增强道德观念，做有道德的人

特别是近几年来，大学生群体中出现了一些令人担忧的现象，这在一定程度上影响了培养社会主义有目标、有理想的大学生的进程。通过大学生思想政治教育，可以缓解一些道德观念下降的问题，使大学生处理好自己与自

己、自己与他人、自己与社会、自己与国家的关系，树立集体主义价值观，将个人利益、集体利益、国家利益三者相联系在一起。

3. 大学生思想政治教育有利于大学生规范自己的行为，做有纪律的人

通过对大学生进行法制教育，为其教授社会规范约束自己的不良行为，通过肯定赞扬符合社会规范的行为，否定批评背离社会规范的行为，来实现对人的行为的约束。这里的社会规范就是广义上的纪律，通过思想政治教育，使大学生学习法律规范和社会成文的规范，使人们自觉地遵守纪律，做一个有法律意识、有纪律的人。

4. 大学生思想政治教育有利于大学生学习科学文化知识，做有文化的人

我国的大学生思想政治教育主要是基于党的基本方针政策、邓小平理论、毛泽东思想以及社会主义建设发展理论体系等党和国家的指导思想为蓝本的。学习这些科学的文化知识，有利于武装大学生的头脑，更加理性和全面地看待社会问题。因此，思想政治教育也是大学生学习科学文化知识的重要渠道。

第二章 五大发展理念视阈下高校思想政治教育的相关概述

第一节 五大发展理念的内涵、特征及意义

创新、协调、绿色、开放、共享的五大发展理念是在党的十八届五中全会中提出的，这五大发展理念是我国今后一段时期的发展思路、发展方向，是我们党关于科学发展的重大理论创新，也是我国"十三五"发展规划的灵魂和主线。我们要深刻理解五大发展理念的内涵，并深刻领会其重大意义。

一、五大发展理念的内涵

（一）创新

就是以新思维、新发明和新描述为特征的一种概念化过程。起源于拉丁语，它原意有三层含义，第一，更新；第二，创造新的东西；第三，改变。创新是人类特有的认识能力和实践能力，是人类主观能动性的高级表现形式，是推动民族进步和社会发展的不竭动力。一个民族要想走在时代前列，就一刻也不能没有理论思维，一刻也不能停止理论创新。创新在经济、商业、技术、社会学这些领域的研究中有着举足轻重的分量。随着我国改革的深化，各种矛盾和问题呈现，我们创新能力不强，发展动力不足的问题也凸显出来。为此，我们必须转换发展动力，要把发展动力主要依靠资源和低成本劳动力等要素投入转向创新驱动，用创新引领发展。

（二）协调

所谓协调就是指和谐一致、配合得当，就是正确处理组织内外各种关系，为组织正常运转创造良好的条件和环境，促进组织目标的实现。从世界经济发展的历史来看，协调就是从不平衡到平衡的动态过程。每个国家的经济发

展，都是由平衡到不平衡，由不平衡再到新的平衡的过程。我国经济社会发展中的协调，就是要解决发展中的不平衡问题。补齐发展中的短板，我们当前在社会事业发展、生态环境保护、民生保障等方面还存在着一些明显的短板。协调发展就是要有短板意识，在补短板上多用心、多费力，在中国特色社会主义总体布局中，抓住短板，补齐短板，增强我国经济社会发展的整体协调。

（三）绿色

就是保护生态环境的问题，绿色发展是对传统发展模式的改变和创新，是以保护生态环境为前提，在资源可承载的条件下，将实现经济社会可持续发展作为重要目标的全新发展模式。绿色发展理念，就是坚持"绿水青山就是金山银山"的理念，尊重自然，顺应自然，保护自然，使人与自然和谐共生。就是要坚持节约资源和保护环境的基本国策，就是要坚持可持续发展，实现生产发展、生活富裕、生态良好，建设美丽中国。

（四）开放

就是我国经济发展既要"引进来"也要"走出去"，内外联动，双向发力。一是要进一步放宽外商投资市场准入，为外商投资提供更加稳定、公平和透明的投资环境。二是要促进我国的对外投资，打破各种不必要的限制，使更多的企业及个人成为对外投资的主体。三是要加快自由贸易区建设，努力建设以周边为基础、面向全球的高标准自由贸易区网络。

（五）共享

所谓共享，就是指全民共享、全面共享和共建共享。全民共享就是指全体人民都能共享我国经济社会发展取得的成果，都能从我国改革发展取得的成果中获益。但同时全民共享绝不意味着没有差别的平均主义"大锅饭"，因为人的智力、体力、努力程度，以及家庭条件的不同，人们做出的贡献不同，获得的回报也应该不同。所以全民共享就是要根据每个公民付出各得其所，同时还要注意收入差距不能过大。如果收入差距过大，产生两极分化，既违背了社会主义原则，又可能造成社会的不稳定，进而影响我国经济社会发展的全局。全面共享包括经济共享、政治共享、文化共享、社会共享、生态共享等各方面，每一个方面都不可或缺。共建共享，共建是共享的基础和前提，人人共享需要人人共建。总之，共享就是要处理好社会财富分配问题，解决好社会公平正义问题。坚持发展为了人民、发展依靠人民、发展成果由人民共享。

二、五大发展理念的主要特征

五大发展理念立足于当代中国国情、顺应时代发展大势，具有鲜明的特征。

（一）鲜明的问题导向

历史是问题的消亡和解决，现实是问题的存在和发展。邓小平同志曾指出，发展起来后的问题一点也不比不发展的时候少，解决这个问题比解决发展起来的问题还困难。

经过 30 多年的发展，中国的经济实力、科技实力、国防实力、国际影响力等得到了极大提升。但与其同时，我国发展不平衡、不协调、不可持续问题仍然突出。在新的历史起点上推进改革、推进发展的艰巨程度一点都不亚于 30 多年前。"中国向何处去"的问题又一次以新的内涵和形式摆到人们面前。以习近平总书记为核心的党中央在治国理政方面的一个显著特点，就是具有一种强烈的问题敏感性。2015 年 10 月，习近平同志在征求关于制定"十三五"规划建议的意见时提到："要直接奔着当下的问题去，体现出鲜明的问题导向，为'十三五'时期我国经济社会发展指好道、领好航。"统领"十三五"规划编制和未来发展得的五大发展理念，就是以问题为牵引，直指我国发展中的突出矛盾和问题。

（二）彰显着人民至上的价值取向

五大发展理念把增进人民福祉、促进国民的全面发展作为搞好发展的出发点和落脚点，始终贯穿着以人民为中心的发展思想。这具体又体现在建议中把"坚持人民主体地位"作为全面建成小康社会的最高遵循，"共享发展"成为"十三五"规划的核心理念。《建议》提出要"实现全体人民共同迈入全面小康社会"，并从增加公共服务供给、实施脱贫攻坚工程、提高教育质量、促进就业创业、缩小收人差距、建立更加公平更可持续的社会保障制度、推进健康中国建设、促进人口均衡发展等方面提出了具体的思路和任务。

（三）具有内在有内在联系的集合体

五大发展理念是一个既各有侧重、各有所指，又相互支撑，主旨相通的严密有机整体。从理念包含的内容看，创新是重中之重，是经济社会发展的第一动力，是搞好一切发展的基点，位列五大发展理念之首；协调、绿色、开放是经济社会健康发展的三个条件与重要支撑，是全面建成小康社会和实现两个百年奋斗目标的必然要求，是不可或缺的发展理念；共享是经济社会发展的出发点与落脚点，是发展的最高价值追求。从理念之间的逻辑关系看，五个发展理念既各有所指，各有侧重，但又相互支撑，相互贯通。从贯彻落实与执行操作看，五大发展理念需要整体思考，全面推进，既不能顾此失彼，也不能相互代替。可见，五大发展理念是一个严密的整体，它们统一于"五位一体"总体布局和"四个全面"战略布局中，统一于实现两个百年奋斗目标、实现中华民族伟大复兴中国梦的宏伟历史进程中。

三、五大发展理念的当代价值

五大发展理念深刻体现了我国"十三五"期间乃至未来几十年的发展重点和着力点，具有重要的理论与实践价值。

（一）五大发展理念深刻揭示了中国经济社会发展的规律

发展理念是否具有合理性和科学性，关键是要看该理念其是否顺应社会发展规律和发展目标。习近平总书记指出的"不能脚踩西瓜皮，滑到哪里算哪里"，直接道出了治国理政必须遵循规律、不能违背规律的真谛。当前，我国经济发展迈入了新常态阶段，我们所面对的重要战略机遇期的时代内涵与以前相比已有很大变化。最近几年经济运行、经济发展的情况不断告诉我们一个事实，也就是说传统的发展方式，旧常态下的发展路径已经走不下去了，而这需要实现发展理念的深刻变革，在理念上进一步破题，以新的发展理念引领发展。适时提出的五大发展理念反映了新常态下发展的内在要求、科学原则和价值诉求，强调了发展的综合性、多维度，它把我国经济社会发展的思路、发展方式、发展着力点厘清了，把要解决的战略重点和致命发展弱点展现出来了，是我们党深刻把握和世界各国发展经验与教训、深刻研判当前世界发展大势的思想结晶，是当代中国顺应和引领世界发展潮流、把握重要发展机遇、厚植潜在发展优势的必然选择。

（二）五大发展理念是关于发展理论认识的一次重大升华

改革开放30多年来，我们党高度重视理论指导和理论创新。我们党始终是依据环境和任务目标的变化，顺应发展大势，适时提出相应的发展战略和发展理念，指引我们的发展方向和发展实践。正是有了科学合理的理论指导，中国特色社会主义的发展道路才行稳致远、越走越光明。每次发展理念的创新和完善，都推动实现了发展的新跨越。

在这方面，大体经历了四个阶段的漫长探索过程：第一阶段是主题转化，重心转移，主要指以阶级斗争为纲的指导思想转向以经济建设为中心转变；

第二阶段是体制变革，促进发展，主要指建立社会主义市场经济体制以取代传统的计划经济体制；第三阶段是发展再认识，主要指我们党在实践中逐渐认识到增长不等于发展，在经济增长的同时还要更加关注社会建设，更加关注资源环境问题，其以科学发展观的形成为标志；现在处在第四阶段，其时代特点就是处在新常态发展阶段，具体就是指立足于"五位一体'的总体布局和"四个全面"的战略布局，围绕两个百年奋斗目标，特别是当前首先要如期达到全面建成小康社会这一阶段性的战略目标，大力践行创新、协调、绿色、开放、共享的发展理念，大力破解经济新常态下一系列前所未有的新问题和难题。因此，五大发展理念是新时期我们党的一次重大理论创新，是我们党顺应新形势，对有关发展理论的完善提升与丰富发展。

（三）五大发展理念的提出标志着习近平治国理政思想的完善与发展

习近平治国理政思想的逻辑起点是首先有一个最高的价值指引"中国梦"。实现中华民族伟大复兴的中国梦，是所有中华儿女的共同追求与期盼，它汇聚了国家、民族、人民和个人的共同理想，是再一次向未来吹响冲锋号角，是实现更高层次目标的方向指引和政治总动员。

中国梦作为更高目标的价值指引，但其需要细化为更具体的发展战略或现实目标，为此我们党提出了两个百年奋斗目标，那就是在中国共产党成立100周年的时候，也即2020年要实现全面建成小康社会，这是中国梦的第一个现实目标；在中华人民共和国成立100周年之际即2050年，基本实现现代化，使我国达到中等发达国家水平，这是中国梦的第二个宏伟目标。

实现中国梦的价值追求和"两个百年的奋斗目标"，必须立足不断变化的中国国情，而这个国情就是"三个没有变"和"三个前所未有"。"三个没有变"是指"我国仍处于并将长期处于社会主义初级阶段的基本国情没有变，人民日益增长的物质文化需要同落后的社会生产之间的矛盾这一社会主要矛盾没有变，我国是世界最大发展中国家的国际地位没有变"；"三个前所未有"是指"我们前所未有地靠近世界舞台中心，前所未有地接近实现中华民族伟大复兴的目标，前所未有地具有实现这个目标的能力和信心"。"三个没有变"和"三个前所未有"的科学论断，是以习近平总书记为核心的党中央面对当前错综复杂的世界形势和快速变化的国内环境的深刻研判，它有助于我们把握世情、国情、党情、民情。

在准确认识国情的基础上，为更好地推进"两个一百年"的奋斗目标和实现中华民族伟大复兴的中国梦，习近平总书记从顶层设计的高度对十八大以来我们党治国理政的实践加以抽象概括，提出了"四个全面"的战略布局，也即全面建成小康社会、全面深化改革、全面依法治国、全面从严治党。"四个全面"战略布局立足于坚持和发展中国特色社会主义全局，有针对性的回应了当前我国改革发展进程中面临的根本问题、主要矛盾和工作重点。

"四个全面"战略布局的思想提出之后，习近平治国理政思想最为重要的发展就是在十八届五中全会上提出了五大发展理念。它的提出，标志着习近平治国理政思想的进一步完善与发展，具体表现在四个方面。首先，就与最高的价值追求 - 中国梦的关系而言，五大发展理念进一步具体化了中国梦的发展路径，细化为"创新、协调、绿色、开放、共享"等相对较为具体的价值理念；其次，就与"两个一百年的奋斗目标"的关系而言，五大发展理念为实现"两个百年"奋斗目标提供了战略思路、判断标准和检验全部实践的根本标尺；再次，就与对现实国情的科学判断"三个没有变"和"三个前所未有"的关系而言，五大发展理念是对不断变化的国情的准确反映、积极适应和全面引领；最后，就与"四个全面"的关系而言，"五大发展理念"是"四个全面"的路径展开和具体延伸。它聚焦"四个全面"中实现全面建成小康社会这一战略目标的基本原则、内在要求和价值遵循，强调了发展的综合性、多维度。

可见，五大发展理念的提出，使习近平治国理政思想在内涵上进一步丰富，在逻辑上更加严密，建构了一个从价值指引、现实目标到国情判断、战略布局再到聚焦短板、重点发力的完整体系，从高到低、从抽象到具象、系统完整的规划了中国未来的发展战略。在此意义上，我们说五大发展理念的提出标志着习近平治国理政思想的完善与发展。

（四）五大发展理念是适应经济发展新常态的实践指南

当前我国经过三十多年的快速发展，现在进入一个重大的调整阶段，也就是经济新常态的阶段。新常态下，我们的发展环境、任务与路径都发生了巨大变化，由以前注重追求发展速度的任务转变为注重加快转变经济发展方式的任务，由以前走规模扩张的路径转变为走质量效益型的发展路径。经济新常态，表面上是速度问题，实际上是结构调整的问题。习近平总书记用"速度变化、结构优化、动力转换"这 12 个字来描述新常态。新常态要有新的作为，新的作为要求我们必须在思想和理念上有大的突破。五大发展理念正是顺势而为，它牢牢把握了速度变化、结构优化、动力转换三个关键点，紧紧围绕经济保持中高速增长、产业迈向中高端水平的新任务、新要求，明确了破解发展难题的新思路。实践中，理念的作用重大，它是统领理论、规划、政策的思想和灵魂，居于核心地位。五大发展理念正是以习近平总书记为核心的党中央治国理政中关于发展的新思路，是引领全面建成小康社会的风向标，它也是统领十三五规划的总线索。这具体体现在《建议》的第二大板块，即从第三到第七部分。这一板块用五个发展理念来谋篇布局，打破了过去以经济、政治、文化、社会等板块进行布局的思维。显然，这不只是《建议》的写法问题，也体现出今后的做法。由此可见，五大发展理念具有重大实践指导意义。

第二节 五大发展理念与高校思想政治教育之间的关系

五大发展理念与高校思想政治教育都是以遵循一定规律的为前提，实现人的发展为目的；五大发展理念作为一种科学发展观，又是中国特色社会主义的最新成果，是高校思想政治教育关键内核，又引领着高校思想政治教育的发展。

一、五大发展理念与高校思想政治教育是合规律性与目的性相统一

任何事物的发展都有着一定的规律性，事物的规律性决定和影响着其内部各要素之间的相互作用、相互促进以致相互发展。"五大发展理念的具体内容是，以人民作为发展的主体，把实现好、维护好、发展好、最广大人民的根本利益作为发展的根本目的，坚持创新发展是引领发展的第一动力、坚持协调发展是持续健康发展的内在要求、坚持绿色发展是实现人类永续发展的抉择、坚持开放发展是国家繁荣发展的必由之路、坚持共享发展是中国特色社会主义的本质要求。"这表明了五大发展理念对经济发展规律、社会发展规律、自然发展规律以及人的发展规律的遵循，同时内化了时代的诉求，着力于解决当前我国发展不平衡、不充分的问题，更好的满足人们对于美好生活的需求，从而实现人的全面发展。同样的道理，高校思想政治教育的目的就是在遵循大学生身心发展规律、教育发展规律、经济发展规律的基础上，按照一定社会发展的要求，致力于提高受教育者认识世界及改造世界的能力，实现人的德、智、体、美全面发展。高校思想政治教育的发展不仅关乎着大学生的成长成才，还关乎着国家和民族的前途与命运。

"创新、协调、绿色、开放、共享"五大发展理念和高校思想政治教育不管是对个人还是对社会的发展都有非常重要的意义，二者都是在坚持以人为本的前提下，遵循人的发展规律、社会的发展规律、经济的发展规律等，不断的创造条件促进人的发展、提高人的能力，从而实现人的全面自由的发展、

社会的全面和谐发展。

二、高校思想政治教育是五大发展理念进一步落实的现实基础

"创新、协调、绿色、开放、共享"五大发展理念集中体现了中国道路的自信，准确的把握了经济社会发展的新要求，充分释放了中国发展的巨大潜力，推动了两个百年目标的实现，它是我们党在理论和实践上的新突破。这一科学理念能否在今后的实践中得以落实，最终是依靠人这一主体。高校思想政治教育作为一种为中国特色社会主义现代化建设培育人才的社会活动，它的教育对象是充满活力和希望的高校大学生，其本质工作是对高校大学生进行基本国情教育、党的基本路线教育、爱国主义的教育及形式政策的教育，使教育对象在学习的基础上能够熟知党和国家的大政方针，掌握最新动态理念、树立科学发展观。高校思想政治教育要在充分认识和把握五大发展理念之间的内在规律的基础上，将五大发展发展理念贯穿于整个高校思想政治教育的全过程，促进内部要素及结构的改革，提高自身培育人才的能力，使青年学生认识、了解，最终掌握这一最新发展理念，树立高尚的世界观、人生观，践行科学发展观，从而为社会主义现代化发展贡献自己的力量。

五大发展理念是中国共产党关于发展的最新科学认识，它的提出有着非常重要的意义，它既是党和国家为应对新的国内外形势有力创举，也是改革开放 40 年的发展经验的总结和概括，它集聚了中华民族集体智慧。通过高校思想政治教进行系统的教育，使得最年轻、最有发展潜力的青年大学生掌握五大发展理念的精髓，树立科学的发展观，对于五大发展理念的落实、新时代中国特色社会主义发展有着非比寻常的意义。

三、五大发展理念是高校思想政治教育发展的科学导航

高校思想政治教育作为一种培养人的社会活动，它是由多个要素所构成，从基本的教育者、教育对象、教育载体，到教育方法、教育环境、教育管理、教育过程、教育内容及原则等，这些要素缺一不可，它们从整体上影响着高校思想政治教育的发展。"创新、协调、绿色、开放、共享"的五大发展理念，它是指导各项事业发展的根本指针，它对于解决高校思想政治教育面临的问题，指导高校思想政治教育发展来说有着不可忽视的重要意义。利用创新发展理念，不增加高校思想政治教育在新时代发展的活力。依靠协调发展理念，解决高校思想政治教育遇到问题和考验，要求把握主要矛盾，处理好次要矛盾，既要站在全局的角度考虑问题，也要把握好各个方面，处理好整体与部分的关系，从而形成全方位、多领域、高效益的合力。坚持绿色发展

理念，要求高校思想政治教育在教育教学的活动中，倡导环保理念、生态理念、绿色理念，使其能够顺应时代发展的潮流，确立"绿色价值"倾向的教育目标。坚持开放发展理念，要求包容的态度看待有冲突的地方，吸取学习国内外先进的思想和技术，引进高素质人才，从而使高校思想政治教育更好的服务于社会主义建设。坚持共享发展理念，落实"以人为本"的教育理念，不仅要以教育对象为中心，也要以教育者为中心，协调好二者的关系。建立一个全新的共享交流平台，促进教育对象与教育对象之间，教育者与教育者之间，学校与学校之间的一种教育资源共享、教育经验的共同交流、教学模式的相互借鉴，从而实现高校思想政治教育目标效益最大化。

总而言之，我们要响应的时代要求，将高校思想政治教育分别套在了创新、协调、绿色、开放、共享这五匹马的头上，结合自身情况，调节好每根绳子的长度，让高校思想政治教育事业蓬勃发展。

第三节 五大发展理念视阈下高校思想政治教育的现状

高校思想政治教育通过不断的探索和改革，取得了显著的成绩，呈现出明显的时代特色。与此同时，五大发展理念的提出为高校思想政治教育的发展提供一些新机遇与挑战。

一、高校思想政治教育取得的成就

思想政治教育一直以来都是中国共产党的一大优势，不管是以前毛泽东同志还是现在的习近平同志，都多次强调要把思想政治教育放在重要位置。为了促进思想政治教育事业的发展，党中央出台了一系列相关政策。近几年，在党中央的领导下，通过全体思想政治教育工作者的努力，高校思想政治教育成果显著。

（一）教育理念与时俱进，教育任务进一步明确

习近平同志一直所强调："时代是思想之母，实践是理论之源"。为了进一步顺应时代发展的趋势，高校思想政治教育在坚持以人为本、全面发展的科学理念下，提出了要以社会主义核心价值体系为指导。"社会主义核心价值体系是党和国家在意识形态上建设领域的重大创新，在社会生活的各个方面处于思想统领地位。"社会主义核心价值观的提出进一步明确了高校思想政治教育根本性质，历史方位以及发展方向，即高校思想政治教育要以社会主义核心价值体系为主旨，根据大学生成长的特点和发展水平，创造条件解决大

学生发展过程中遇到的问题，不断引导大学生成长成才，提高大学生整体思想道德水平，促进其全面发展。同时，社会主义核心价值观进一步明确了高校思想政治教育的任务，即立德树人，培养德智体美全面发展的社会主义建设者和接班人。为了进一步落实立德树人这一根本性任务，党中央进行了一系列部署，相继出台和修订了一系列的文件条例，"从2015年教育部印发《高等学校思想政治理论课建设标准》，到2016年召开全国高校思想政治工作会议，到2017年《普通高等学校学生党建工作标准》《高等学校马克思主义学院建设标准》《普通高等学校辅导员队伍建设规定》"，到2018年全国宣传思想工作会议上习近平总书记再次强调"坚持立德树人、以文化人，建设社会主义精神文明、培育和践行社会主义核心价值观，提高人民思想觉悟、道德水准、文明素养，培养能够担当民族复兴大任的时代新人"。在这一过程中，高校思想政治教育在取得可喜成就的同时，也使自身的任务得到了进一步明确。

社会主义核心价值体系是高校开展思想政治教育的价值底蕴，与五大发展理念交相辉映，共同为新时代高校思想政治教育的进步提供理念指导和价值判断。这在某种程度上和五大发展理念有着不谋而合的影响。

（二）教育内容逐渐丰富，育人功能得到加强

思想政治教育内容是思想政治教育系统的一个基本因素，是思想政治教育目的和任务的具体化。为了进一步落实"立德树人"的任务，全面提高大学生整体素质，当今高校思想政治教育根据中国特色社会主义社会发展的需要以及大学生个性发展的需要，设置了丰富多彩的教育内容。首先，从关注学生的"三观"出发，高校思想政治教育把实现中华民族伟大复兴的中国梦设置成大学生理想信念教育的重要组成部分，不断增强大学生的理想信念教育；同时加强大学生政治教育，不断进行高校意识形态建设，使大学生坚定政治立场。其次，高校思想政治教育结合大学生的个性需求、生活需求，设立了人际交往教育，培养大学生掌握人际交往的艺术，满足大学生的社交需要；设置了心理健康教育，从常见的大学生心理健康问题入手，为学校师生提供心理辅导和疏通，帮助大学生以积极的心态面对生活、学习中的苦难和挑战，正确的态度面对生活的得与失，培养坚强的意志和良好的身心状态；设置了人文素养教育，从教育与人的发展、教育与社会的发展两条基本规律从发，使得个人发展与社会发展相结合，实现个人和社会的协同发展等。

这些涉及到大学生成长成才方方面面的内容，极大的提高了大学生们学习的兴趣，也强化了高校思想政治教育的育人功能。

（三）师资队伍日益壮大，总体素质不断提升

高校思想政治教育的工作队伍是高校思想政治教育的主要参与者，是完成思想政治教育任务的根本保证。高校思想政治教育工作者队伍是由高等学校教师和管理队伍组成，具体来说它的主体是学校党政干部和共青团干部、思想政治教育理论课和哲学社会科学课教师、辅导员和班主任，这些人是学生思想政治工作的组织者和指导者，也是高校思想政治各项制度措施的实施者。高校思想政治教育师资队伍的优劣直接影响着高校思想政治教育的成效。党和国家出台了一系列文件要求高校思想政治教育工作者要不断提升思想道德修养和社会责任感，如高校要不断完善高校思想政治教育工作队伍的选拔、培养和管理机制，强调按照政治强、业务精、纪律严、作风正的要求进行高校思想政治教育工作队伍建设。在 2017 年国务院关于印发国家教育事业发展"十三五"规划的通知里面又再次强调了加强师德师风建设，要培养一批有理想、有信念、有道德、有学识、有爱心的教师队伍；提升教师能力素质和吸引一流人才从教、不断优化教师配置、完善教师管理制度的要求。如今，一再强调以"师德、师风"建设作为考评教师的重要标准的同时，又提出加强思想政治教育相关的学科建设。这几年在原有 21 个马克思主义理论一级学科博士点的基础上，根据各个高校的师资力量和发展水平，持续增加二级学科博士点 55 个；一级学科和二级学科硕士点更是大幅度增加，每一年相关专业的招生名额也是在不断增加，为各级各类高校输送了大量思想政治教育相关的人才，极大的满足了各高校对思想政治教育工作者的需求。

不管是政策上的要求还是高校的自主培养，通过不断的努力，高校思想政治教育师资队伍建设取得了明显的成绩，为今后高校思想政治教育进一步发展奠定了人才基础。

（四）研究视野进一步扩大，研究成果不断丰富

高校思想政治教育工作是一门很特别的工作，它需要协调很多方面的因素，才能达到一定的工作效率，呈现出一定的工作成果。同样，高校思想政治教育学科也是一个很特别的学科，它需要协调很多学科的知识，才能更好的指导高校思想政治教育工作，处理好各种关系，达到提高大学生思想道德素质的效果。随着交叉学科的研究越来越热门，高校思想政治教育研究者在不断总结实践经验的基础上，又积极的融合了政治学、教育学、哲学、社会学、心理学、伦理学以及系统学、管理学、信息学、行为科学等相关学科的理论知识和方法。这种融合，不但为高校思想政治教育学科的规范化和科学化发展奠定了一定理论基础，形成了一批有特色的研究方向，而且也促使了

交叉学科间成果的不断涌现。在学科发展和学科建设方面，将思想政治教育和制度学联系一起，提出了"思想政治教育管理的科学化体现为规范化管理、制度化管理和民主化管理的有机统一，制度化管理是思想政治教育管理科学化的一个重要标志"等理论成果，还有将思想政治教育与政治学、法学、党史、哲学联系一起，都产生了一定的研究成果。

高校思想政治教育研究视野的拓展，必然会导致一些分支学科、新兴学科和交叉学科的产生，这必将极大地丰富高校思想政治教育研究成果。

二、五大发展理念视阈下高校思想政治教育面临的机遇

理念是行动的先导，科学的理念对事物的发展具有着一定的指引作用。"创新、协调、绿色、开放、共享"的五大发展理念是符合中国特色社会主义发展规律的科学理念。坚持五大发展理念是高校思想政治教育紧抓发展机遇，落实"立德树人"教育目标的行动指南。

（一）创新发展理念引领高校思想政治教育的方向

"创新、协调、绿色、开放、共享"的五大发展理念是关于发展的最新理念，它体现了我们党对发展规律的把握。五大发展理念之间相互影响、相互联系，每个理念又有着自己的任务和侧重点，而创新的任务及侧重点就是它作为动力贯穿于事物发展的全过程。十八届五中全会中提出要将创新发展作为社会不断的向前发展的动力，引领着社会活动发展的方向。

创新发展理念的提出对于新时代下我国社会发展有着非常重要的意义。随着新媒体时代的到来，社会中的各行各业都受到了互联网络的影响，高校也不例外，据调查高校校园是我国互联网络用户最为密集的区域之一。因为网络的影响，高校大学生的思想、学习、生活以及成长方式都发生了前所未有的变化，出现了很多新问题和新情况，学生的教育、管理都面临严重的冲击和挑战。针对这些新变化，高校思想政治教育必须在遵循思想政治教育原有规律以及大学生身心发展规律的前提下，结合具体情况，依靠创新发展，进行机制创新。例如在教育理念上，社会主义核心价值体系的提出就是一次重大的理论创新；在教育任务上，"立德树人"的提出也是一种创新，同时高校思想政治教育还可以进行教育方法的创新、教育载体的创新、以及教育队伍的保障机制和考核评估机制的创新等，这些创新对高校思想政治教育有着非常重要的意义。

新时代下，面对着各种的变化，顽固保守必不可取，推陈出新才是正道。创新发展在为高校思想政治教育解决新问题，提供了新的思路、新的方法和

新的途径的同时，也引领着高校思想政治教育发展的方向。

（二）协调发展理念凝聚高校思想政治教育的力量

为了实现"十三五"期间的发展目标，把握中国特色社会主义的总体布局，解决发展中的不平衡问题，突出发展的平衡性、协调性以及可持续性而提出了协调发展理念。坚持协调发展，就是要求能够兼顾到复杂事物的方方面面，不能顾此失彼，也不能只强调一方面而忽视另一方面，各个方面应该是相互适应、相互和谐，从而使事物达到一个健康发展的状态。高校思想政治教育作为一种由众多要素组成的，培养人的社会活动，首先其内部各要素之间要实现统筹协调，形成一种合力，才能更好培养社会主义的接班人。

高校思想政治教育是一个系统性的工程，它是由教育主体、教育内容、教育手段、教育环境以及教育载体等要素组成的，这些要素之间是相互联系、相互影响，不可分割，不能顾此失彼，只强调某一要素的发展而忽视另一要素。坚持协调发展，就是要求高校思想政治教育的主体、内容、手段、环境、载体等相互配合、相互协调、相互促动，使各个要素的力量朝着既定的教育方向使力，从而产生强大的合力。简而言之，利用协调解决当前高校思想政治教育现存的相互脱节、各自为政、条块分割、合力不足的现象，从而更好地推动新时代下高校思想政治教育的发展，实现"立德树人"的任务。

协调是事物持续健康发展的内要要求。协调发展理念有着一种"共进共生"的哲学思维，它遵循着事物发展的规律，凝聚着各种积极力量，它的提出对于高校思想政治教育的发展都有着不可忽视的重要意义。

（三）绿色发展理念构建高校思想政治教育的风尚

绿色是生命的象征、大自然的底色。在过去由于人们一味追求 GDP 生产总值，肆无忌惮的破坏生态环境，导致了人类生存的自然环境一度恶化。以习近平同志为核心的党中央为了进一步建设富强、民主、文明、和谐的中华民族，提出了绿色发展理念。它是人类实现永续发展的抉择。绿色发展理念的提出是马克思主义生态观与马克思主义发展观同中国的具体实际相结合的产物，是人的自然属性与社会属性的有机统一，其直接目标是促进人与自然和谐发展，其终极价值是实现人的全面发展。

为了进一步落实生态文明建设，2016 年全国教育工作会议中就提出了要以"绿色发展引领教育风尚"的思想。这一思想一经提出，一些高校积极响应中央号召不断加强生态文明教育，培养师生的绿色观念。在一些高校中，高校思想政治教育工作者将大学生的全面发展与人类的可持续发展有机的结合起来，通过绿色文化教育和社会实践的方式，让同学们认识到我国目前面临的生态环境的危机，意识到生态文明建设的重要性，坚持绿色发展的重要性，逐渐培养生态的责任感和使命感，从而使大学生形成绿色价值取向、绿色生活方式、绿色思维方式等。

高校思想政治教育作为一种促进人发展的社会活动，理应将绿色发展理念渗透到其内部各要素的方方面面，只有这样才能为新时代下的中国特色社会主义培养合格的建设者和接班人。

（四）开放发展理念丰富高校思想政治教育的资源

开放发展是一个国家或民族为了寻求与世界其他国家或民族保持互联互动、互学互鉴，而不断打破各种限制的状态。开放发展理念为拓展人的交往范围、丰富人的社会关系创造了实质性的外部资源和条件。坚持开放发展理念不管是对个人发展还是对整个人类社会的进步都有着非常重要的意义。

随着经济全球化的发展，全世界人民的生产生活联系越来越密切，逐渐形成了一个你中有我、我中有你的命运共同体。开放发展理念是顺应经济全球化整体趋势的客观要求和必然结果，它拓宽了高校思想政治教育的视野，丰富了教育资源。一方面，在信息化时代下，坚持开放发展理念可以使高校思想政治教育充分的利用信息网络，把视野由国内拓展到世界，在保持互联互动、互学互鉴精神的前提下，积极的学习和借鉴西方国家思想政治教育中的优秀成果和先进经验。另一方面，坚持开放发展理念可以使得高校思想政治教育紧跟时代的潮流，让思想政治教育与当前社会的政治、经济、文化、制度乃至社会生活的方方面面相结合起来，为学生的潜能发挥和能力素质的提高提供了丰富的资源和必要的外在条件。因此坚持开放发展理念，就是坚持"走出去"及"引进来"的战略。坚持开放发展理念就是要保持一个平和及谦虚的心态，在吸收一些优秀文化、先进理念的同时，做到求同存异。在高校思想政治教育过程中坚持开放发展理念，可以整合社会资源为学生的发展进步提供更为丰富和多元的发展机会与发展环境。

（五）共享发展理念明确高校思想政治教育的工作指向

"十三五"期间的重要出发点和落脚点就是共享发展。共享发展的提出，既符合科学社会主义的原则，又顺应了中国人民的心理习惯，也适应了新常态下中国国情的需要。共享发展理念作为一种科学的发展理念，不仅为经济新常态下我国社会发展提供了思想的指导，也为新时代下高校思想政治教育工作的展开提供了工作方向和思维导向。

以宣传党的路线、方针、政策为己任的高校思想政治教育应该充分的认识到，当前中国的发展目标就是建立一个公平正义的社会主义社会，而共享发展是实现这一目标的基础。这要求高校思想政治教育在充分的认识和理解共享发展的基础上，树立"共享"教育理念，并同时借助思想政治教育方法、内容、载体，将共享发展这一抽象理念转化为学生能够通俗易懂的价值观念，让学生们对"共享"这一理念，形成有效的认识和体会。共享发展的提出不仅丰富了高校思想政治教育的理论基础，还推动了"共建、共享"的教育体系建设。高校思想政治教育作为一种育人工作，要实现效果最佳化，首先高校思想政治教育工作本身要先实现共建、共享，不仅是理念上还应该具体到每一个运行机制上，只有自己先做到了共享发展，才能言传身教于学生，使学生内化于心外化于行，做到共享发展实现共享发展。

共享发展理念进一步明确了高校思想政治教育工作指向，提升了大学生在高校思想政治教育中的获得感。

三、五大发展理念视阈下高校思想政治教育面临的挑战

高校思想政治教育目前取得的成就是突出的，但是存在的问题也是不可否认的，特别是五大发展理念提出后，这些地方所呈现的问题日益突出，再加上社会环境的变化以及多元文化的影响，使得我国高校思想政治教育的进一步发展面临严峻的挑战。

（一）高校思想政治教育创新的维度尚需扩展

在"大众创业、万众创新"的号召下，全国各行各业都把创新摆在了前所未有的高度上，全民也都尽可能的参与到创新之中，高校思想政治教育也不例外。高校思想政治教育在创新发展的引领下，教育的观念与时俱进、教育任务得到了进一步明确、教育内容也得到了逐步丰富，这在一定程度上适应了时代发展的要求。但是我们也应该看到，在高校思想政治教育其他要素方面创新的力度并未得有效的体现，也就是说创新发展的意识和层次在高校思想政治教育中需要进一步扩展。

当前高校思想政治教育存在创新不足的地方主要反映在：第一，教育方法的单一。高校思想政治理论课教师的教学方法仍然是传统的课堂教学，以"我教你学"的方式强调教师的主导性，而忽视了学生的主体性，从而不利于激发学生学习的兴趣。第二，教育载体的滞后。例如，随着新媒体技术的进步及广泛的应用，一些高校思想政治教育者开始利用新媒体进行思想政治教育工作，但是还有一些高校思想政治教育工作者思想偏于保守，他们习惯于利用传统的教育方式，抵触利用新媒体教学，这就直接导致了新媒体教学相关优势没有充分的开发，从而无法满足大学生的需求，这就降低思想政治

教育工作的有效性。第三，教育的评估机制欠完善，教育评估模式相对陈旧。在高校思想政治教育过程中，大多数教育者甚至管理者都只重视教学这一环节，而在一定程度忽视了对于教育质量的反思与评估，从而弱化了整个高校思想政治教育评估体系的构建，也在一定程度上削弱了高校思想政治教育的育人功能。

新时代下高校要紧跟时代的步伐，结合大学生的社会交往、学习、生活的方式以及身心发展的特点进行思想政治教育，扩展思想政治教育创新的维度。

（二）高校思想政治教育发展的协调性尚需改善

协调发展理念凝聚高校思想政治教育的力量。协调发展的实现，是在遵循大局意识、协同意识、补短意识的基础上进行的。只有树立这三种意识，才能更好的处理各种关系、协调各方面的利益。而当前高校思想政治教育的协调发展方面存在着多种问题，有的甚至出现了相互冲突或者是内耗的现象，究其原因就是忽略了大局意识、协同意识、补短意识。

具体来说，主要表现为三点在：第一，教育内容欠系统性。大多数从事高校思政工作者的教师在授课的过程中往往回避社会热点问题，只是进行一味的灌输，这就导致了课堂教学脱离学生的生活实际，使得思想政治教育变得空洞和虚化，学生自然对思政教育产生不了兴趣，有时甚至产生了抵触心理。第二，教育主体缺乏协作。高校的各个职能部门之间协作育人意识不强，每个部门都在自己职责范围内开展工作，缺乏整体的沟通与协作，尤其是思想政治教育的专职教师、专业课教师以及辅导人员之间很少进行有效的沟通和合作，这必然会降低高校思想政治教育工作整体性效力的发挥。第三，教育环境缺乏配合。大学生作为社会生活的一员，无时无刻都与周围的环境产生作用，发生联系。大学生的成长环境包含了社会环境、学校环境、家庭环境，这三者对大学生的成长来说都有着举足轻重的作用，要实现大学生的成长成才必然要求这三者之间的相互配合。但是目前这三者并未达到有效的配合，社会上越来越多消极负面思想充斥着学校教育，例如拜金主义、享乐主义的盛行给高校思想政治教育提出了严峻的挑战；同时，家庭教育与学校教育缺乏有效沟通，也影响着高校思想政治教育工作的有效性。

高校思想政治教育要以协调为内在发展的方略，在工作的开展中注重协调各方，凝聚力量，优化机构，提高效能，确保高校思想政治教育任务和目标的实现。

（三）高校思想政治教育绿色理念的融入尚需加强

绿色发展是人类永续发展的必然选择，也是五大发展理念视阈下高校思想政治教育的新使命。高校思想政治教育也应遵循绿色发展理念，既以绿水青山的绿色生态理念滋养人心，提高学生的绿色发展意识，也应在外部物质文化建设上增添校园绿色文化理念，营造良好的学习氛围，促进更好地践行绿色发展。

就目前而言，高校思想政治教育绿色发展的实施还有待加强的地方，主要表现为三个方面。第一，高校思想政治教育管理的绿色意识不强，工作效率有待提高。近些年来，党和政府对高校思想政治教育工作越来越重视，相应的投入也随之加大。为了加强高校思想政治教育的管理，很多高校在原有职能部门基础上又增置了管理机构，这样做虽然在一定程度上使得高校思想政治教育管理工作更加系统化，但是并不利于管理资源的挖掘、管理信息的反馈，同时也增加了管理经费的支出，降低了管理的效率。第二，在校园文化建设上"绿色"影响不突出。由于受到多元文化的影响以及西方文化的渗透，高校思想政治教育工作者和学生的"三观"都受到了一定冲击，严重影响了主流文化在高校思想政治教育校园建设的地位，从而也在一定程度上弱化了"绿色"校园文化建设对大学生的影响。第三，绿色发展在宣传及教育内容中显现的过于知识化和政治化，忽略了和学生实际生活相联系，从而不利于大学生绿色生态实践的落实。

绿色发展理念，作为我国社会发展的一个基本理念，是我们党顺应时局发展而提出的科学理念。在新时代下，高校思想政治教育一定要将绿色发展作为其可持续发展的客观要求，将绿色发展理念融入到高校思想政治教育的方方面面。

（四）高校思想政治教育开放程度尚需提升

在全球经济版图大变动的背景下，坚持开放发展理念，是中国面向未来的必然选择。将开放发展运用到今天的高校思想政治教育，不仅有利于激发大学生学习的兴趣、拓宽其学习的知识面，还有利于整合或者丰富高校思想政治教育的资源。

但是，就目前来说，开放发展在高校思想政治教育中并未得到有效的运用与实施。主要表现在：第一，网络学习平台有待进一步搭建。随着互联网时代的到来，网络教育本来可以成为了大学生学习的主要平台之一，但是在一些学校对于网络认识过于片面，并没有充分认识到网络信息平台建设的重要性。一方面，他们认为网络环境太过复杂，利用不当会妨碍思想政治教育的成效，所以不重视网络信息平台的建设。另一方面，他们出于资源保护的理由，对于一些网络学习资源进行设限，有的资源只能老师获取学生是不能获取，有的甚至通过学生缴费才能获取，这必然在一定程度上削弱了学生的学习积极性。第二，校外有利资源，有待进一步整合。一方面，同类型或者同区域的学校与学校之间由于存在着竞争关系，加上学校领导者思维的狭隘，以至于在一些优势资源上很少有开放合作的机会。另一方面，在对待外来文化上，学校管理者担忧多元文化的冲击，影响主流价值观的地位，不敢做出"引进来"的行为，以至于一些优秀的外来资源没有得到很好地利用。

坚持开放发展，不断进行多种思想、文化的交流和碰撞，充分挖掘自身的发展潜质是经济全球化日益深入的今天，高校思想政治教育抓住发展机遇实现自身发展的必然选择。

（五）高校思想政治教育发展成果共享尚需落实

共享发展体现了共产主义的最高理想，它作为中国特色社会主义的本质要求，反映了时代精神，也体现中国道路的探索方向。共享发展理念的提出，为高校思想政治教育的发展提供了指导思想。

就目前来说，由于种种条件的限制，使共享发展真正的融入到高校思想政治教育工作还存在着很大的难度。主要表现在两个方面：第一，以"学生为中心"教育理念，需要进一步落实。共享发展是以人民为中心的发展理念，共享发展的实践者以及受益者都是人民，青年大学生是高校思想政治教育的服务对象和工作指向，因此共享理念下高校思想政治教育一系列工作都应该是以坚持"学生为中心"，致力于促进学生成长成才。但事实并非如此，在部分高校中，培养目标或者教学目标并不是很明确，高校工作者更多的是考虑自己的工作业绩、科研职称的评定，并没有把学生的成长和发展作为工作重心。第二，教育资源的分配需要进一步平衡。由于教育市场属于不完全竞争的市场，使得在教育资源的分配上存在很大的差距，尤其表现在公立学校和私立高校之间，因为公立学校的教育经费是由政府批放，而私立学校的教育经费主要是靠学杂费，这就使得私立高校很难和公立高校进行竞争，从而导致教育资源都流向公立学校。这一现象尤其在欠发达地区的高校之间表现很明显。共享发展的前提是共建。要实现共享发展在高校思想政治教育的推广，首先就是要解决上诉所呈现的问题。

虽然说高校思想政治教育从提出到发展至今，取得了很明显的成绩，但是就目前来说高校思想政治教育要想进一步发展还要面临很多问题，尤其是高校思想政治教育成果共享方面还要很多工作要做。

第三章 新发展理念下高校思想政治教育的建设

第一节 坚持创新发展理念作为高校思想政治教育发展的新动力

在我国大学生思想政治教育发展的过程当中，创新发展可以使得教育理念得到有效的创新，因此成为了大学生思想政治教育当中的核心价值。对于大学生思想政治教育的个体性和社会性功能来说，在创新发展的背景之下可以得到有效的提升，最终会使得两者达到有机统一的状态，成为大学生思想政治教育创新的根本宗旨和推动力。

一、创新发展理念的内涵和对大学生思想政治教育的新要求

创新是发展最本质的一个体现，习近平总书记在党的"十九大"会议上，也对中国特色社会主义建设改革提出了新的要求，并且把创新放在了国家发展的核心地位当中。近些年来，党中央不断强调我国要推进理论、制度、科学技术和文化方面的创新，确保创新贯穿在党和国家的所有工作当中，使得全社会能够得到创新性号召的有效响应。在新常态下的经济发展需求之下，我国要把创新的意识带入到各个行业当中，从而推动经济社会进入到新的发展轨道里面。随着社会的不断发展，现代化的发展步伐在不断加快，同时信息化的发展也成了重要的发展方向，因此就要求大学生的思想政治教育工作需要向着国际化的方向发展，同时具备中国社会主义特色，以推动自身的创新和发展，对经济发展新常态之下的背景进行主动的适应，积极地迎接社会层面所给予的挑战。

二、创新发展理念视域下大学生思想政治教育的意义

（一）提升教育的针对性和实效性

在创新发展理念视域之下，大学生思想政治教育需要提升教育的针对性和实效性，以提升大学生思想政治教育的效果。在我国大学不断扩招的背景之下，大学生思想政治教育工作的意义十分突出，它对于培养符合国家需求，思想、品行和道德符合规范的大学生，有着非常重要的意义。

（二）提升教育的吸引力和感染力

在创新发展理念指导之下，大学生思想政治教育的开展能够具备出时代性的特点，同时会有一些创新的理念、内容和手段的出现，不仅能够使得大学生能够聚焦学习的焦点，从中获得有效的进步和成长，同时也能够感染大学生，对他们的情感态度与价值进行有效的引导和建立。传统的大学生思想政治教育模式较为枯燥，学生在其中甚至会产生一些厌烦的情绪，因此会使得大学生思想政治教育的价值没有办法得到呈现，教育的效果也大打折扣。在创新发展理念的指导之下，大学生思想政治教育会朝多个方向进行有效的创新和发展，最终能够从根本上使得教育的吸引力得到增强，不断地激发大学生学习的兴趣，也能够在一定程度上对大学生产生出良好的同化作用，为我国人才的培养提供有效的帮助。

（三）满足教育的国际化、中国化和时代化

在教育发展的过程当中，需要注重对外开放工作的实施，因为当前的世界格局是一个开放的格局，人才的竞争不仅会面临本土的竞争，同时也会面临强烈的外来竞争。因此在这样的背景之下，创新发展理念所指导的大学生思想政治教育，能够在一定程度上满足教育朝着国际化发展方向的要求。在我国发展的过程当中，结合自身的国情，对于人才的培养所提出的要求是具有自身独特性的。在创新发展理念指导之下的大学生思想政治教育工作，切合我国发展的需求，因此能够使得教育朝着中国化的方向进行发展。创新是时代永恒的主题，因此创新发展理念所影响的大学生思想政治教育，也是时代化发展特色的必然象征。

三、创新发展理念视域下大学生思想政治教育的有效途径

（一）更新工作理念

大学生思想政治教育工作的开展依赖于有效的工作理念，一个创新的工

作理念可以更好地指导大学生思想政治教育的有效开展，同时也能够使得教育的效果更加突出，能够提升出教育的创新性和时代性。为了能够更好地使得我国大学生思想政治教育的效果更加理想，高校需要对自身的工作理念进行有效的更新，要从传统的被动式教育理念当中走出来，充分地认识到我国思想政治教育的重要性。有的高校教师在思想政治教育工作开展的过程中，将其当成了一项政治性任务，从而导致工作开展的效果不够理想。因此在这样的背景之下，最首要的就是要从创新发展的理念角度出发，对工作的理念进行更新，有效地使得大学生思想政治教育工作能够在创新理念的指导之下，获得有效的进步和发展，政治教育能够在创新理念的指导之下，获得有效的进步和提升，从而在大学生的健康成长当中发挥着积极的作用和效果。

（二）拓展工作内容

大学生思想政治教育的教学内容需要保证与社会的实际、实践和大学生的思想进行有效的融合，呈现出强烈的时代性特征，同时也要促进自身的实效性得到提高。目前我国大学生的思想政治教育课所使用的教材，大部分内容都是理论方面的介绍，缺少实际案例的具体分析，从而会使得学生在学习的过程当中觉得无聊。在这样的背景之下，大学生思想政治教育需要对工作的内容进行有效的拓展，更好地使得教学的内容得到有效的丰富。

在实际操作的过程当中，思想理论课的教师可以在对教材讲解的同时，不断地增强哲学社会领域的最新成果，尽量使用一些新的案例、内容和方法，在授课当中进行运用，使得时代特色能够得到有效的体现，确保大学生求新求异的心理得到充分的满足。这样的一种处理方式可以使得学生在思想上获得有效的共鸣。由于大学生本身的社会阅历比较少，因此思想政治理论课的教师可以积极地组织社会实践，提供志愿服务方面的内容，同时组织学生开展社会调查和勤工助学，确保课程教学能够和实践进行有效的结合，使得实践教学发挥出积极的育人功能，达到知行合一的状态。此外，教师在教学方式上也需要进行不断的创新，促进主观能动性的充分发挥，确保大学生思想政治理论课的实效性得到全方位的提升。当前大学生最大的一个特点就是不走寻常路，他们有着自己的思维，因此思想政治课的教师需要对学生的思想行为特点进行适应，积极拓展工作的内容，确保在这种教学模式之下，可以使学生养成良好的学习习惯，并且调动起他们学习的积极性，提升他们学习的兴趣，使得学生能够成长为一个明辨是非，懂得运用理论知识于实践生活的人。

（三）创新工作载体

为了能够更好地使大学生思想政治教育工作得到有效的保证，需要对工作的载体进行有效的创新，充分利用现代化的信息网络技术，使新时期背景下的大学生思想政治教育工作具备着全方面的特色。近些年来，我国的科学技术水平处在迅猛发展的轨道当中，现代化的信息网络技术也不断地在现实生活当中进行运用，这样一个科技的迅速崛起能够给大学生的思想和生活都带来比较大的影响，同时也使得我国高校的试卷将工作面临非常大的挑战。在这样的背景之下，对工作载体进行创新是非常必要的，这对于我国大学生思想政治教育的创新发展有着划时代的意义。在新媒体的背景之下，大学生思想政治教育人员需要对工作载体进行创新，首先需要对网络有充分的了解，能够对传媒新技术有着充分的掌握；其次是要对网络的特征有充分的了解，在因势利导的状况之下，搭建起前师生之间沟通和交流的桥梁，推动网络成为思想政治教育工作当中非常重要的一个平台和载体；最后负责大学生思想政治教育工作的教师，要积极关注网络当中所出现的一些焦点问题，同时也关注学生的思想动态变化状况，对于学生所存在的一些模糊或者错误的认识，要及时地进行纠正和澄清。

在工作载体创新的过程当中，除了对网络和信息技术载体进行应用之外，教师还需要对第二课堂载体进行充分的使用。高校在校园文化建设的过程当中，慢慢地形成了自我发展的模式，甚至有的高校在这个过程当中摸索出了自身的校园文化品牌。校园文化活动当中的很多内容都可以作为创新发展视域下的大学生思想政治教育工作创新的载体，教师要积极地对这些活动进行应用，使得大学生思想政治教育的内容能够融入到具体的活动当中，确保大学生能够在这个内容当中获得有效的提升，充分提升大学生思想政治教育的效果，为大学生的良好成长提供有效的帮助。一般性的校园文化是我国先进文化的先导，在这些文化当中能够把学校的精神作为核心无形资源，因此在精神层面上有着强烈的价值导向和凝聚规范功能的作用。在校园当中的每一寸土壤和每一座建筑物，甚至校训历史都会成为学校文化教育的重要部分，对这些资源进行充分的利用，可以使得以人为本的教育观念得到直接的表现和突出，能够在无形渗透的背景之下，长久地对学生产生熏陶的作用，最终能够获得直接性的教育效果。

（四）完善工作机制

大学生思想政治教育工作的开展，需要有一套创新的工作机制，从而使得工作的开展有依可循，能够在机制的推动下产生出良好的效果。党中央对于大学生思想政治教育工作一直都给予高度的重视，习近平总书记也多次主持召开思想政治工作方面的会议，各个高校在多年工作开展的过程当中，也形成了具备自身特色的工作机制。随着社会的不断发展，原有的工作机制在一定程度上处在落后的状态当中，传统的工作机制无法适应当前时代背景之下，大学生成长和国家发展的需求，因此需要从创新发展理念的角度出发，对大学生的思想政治教育开展研究工作。

在当前的时代背景之下，高校应该从创新发展的理念角度出发，对大学生思想政治教育的工作机制进行完善，确保每一个工作环节当中都能够融入创新发展的理念，有效地推动大学生思想政治教育工作朝着创新的角度进行发展，能够在当前的时代背景之下产生出良好的工作效果，同时也在创新机制的引导之下，更好地为其他高校思想政治教育工作的开展提供参考。

第二节　坚持协调发展理念作为高校思想政治教育发展的新要求

协调是持续健康发展的内在要求。习近平总书记强调，"协调既是发展手段又是发展目标，同时还是评价发展的标准和尺度"。党的十八届五中全会提出了协调发展理念，为大学生思想政治教育方法的发展提供了科学指南，两者具有契合性。在发展大学生思想政治教育方法时坚持协调发展理念，对解决发展中出现的"不协调"问题以及增强大学生思想政治教育方法的协调性、可持续性具有重要意义。

一、协调发展理念与大学生思想政治教育方法发展的契合性

协调发展理念是马克思主义中国化取得的新成果，它从根本上转变了人们认识世界的方法，直接推动了方法的全面、协调、可持续发展。方法以理论为基础，与理论创新同步前进，当理论基础发展更新时，方法也应推陈出新，展现新特色，以适应新理论的新要求。大学生思想政治教育方法发展与协调发展理念的契合性具有两个方面的内蕴：一方面强调发展，即要尽一切努力、通过一切可行的途径推动大学生思想政治教育方法的发展；另一方面强调相依性，即大学生思想政治教育方法依靠协调发展理念实现辩证、整体、系统的发展。协调发展理念虽是为我国经济发展设立的风向标，但从整个社会系统来看，协调发展是永恒的话题，是新时代马克思主义中国化的思想理论，对当代大学生思想政治教育方法的发展起着重要的引领作用。

二、当前大学生思想政治教育方法发展中存在的"非协调"问题

在新时期，思想政治教育方法有了新的发展并取得了一定成果。但是，当前大学生思想政治教育方法仍存在许多"非协调"问题，具体表现为：

（一）大学生思想政治教育理论方法与时代发展的"非协调"

一方面，思想政治教育理论方法滞后于社会发展，特别是在当今"互联网＋"的时代，一些传统的旧方法已不再适应时代的需求。例如，过去课堂上使用最多的"灌输式"教学方法在今天已不能满足学生学习的需求。另一方面，思想政治教育理论方法也滞后于当前多样化的时代思潮，落伍于现代人的思想观念。我们处在全球化、信息化的时代里，需要紧跟时代变化的脚步，不断创新、适应社会发展的教育方法。随着互联网的发展，人们获取信息的渠道增多，网络上传递的很多负面信息都对大学生思想造成了消极影响，这给高校思想政治教育工作带来了严峻的挑战。因此，高校必须紧跟时代潮流，探究"互联网＋"思想政治教育的新模式，挖掘思想政治教育与互联网深度融合的现实性，找寻二者结合的有效路径。

（二）大学生思想政治教育方法运用的"非协调"

部分教育者在思想政治教育过程中习惯使用单一的方法，并长时间保持固定的教学模式。然而，教育方法并不是一成不变的，企图用一种方法解决所有的问题只会落下"堂吉诃德式"的笑柄。如果思想政治教育只用讲理论、学文件、听报告、写心得、谈体会等老套方法，大学生便会逐渐降低对思想政治教育的兴趣。在"互联网＋"时代，掌握网络思想政治教育主动权至关重要。当前，一些高校已经意识到了互联网教学的重要性，并尝试采用网络技术进行教学，如在高校内兴起的又红又专的网络平台，但是这些网络平台大多是原有内容、方法的"翻版"，没有实质性的创新。总之，改进大学生思想政治教育方法必须以先进的理念为指导，而协调发展理念正是马克思主义中国化发展的新成果，对大学生思想政治教育方法的发展有着重要的指导作用。

（三）教育者价值引导方法与教育对象自主学习的"非协调"

传统的思想教育大多强调教师的课堂教学，采用的是机械流程式的"灌输教学法"，而缺乏对学生自主学习的重视。这种教育模式不仅会导致大学生学习的效果不理想，甚至会使大学生对思想政治课产生抵触情绪。同时，这种教育模式不利于调动大学生学习的主动性和积极性，也不利于他们系统地

掌握理论知识，形成完整的知识结构。因此，我们要创新价值引导方法与自主学习方法，寻求二者的科学统一，在教育过程中更要注意提高受教育者的学习主动性和自觉性。

三、协调发展理念与大学生思想政治教育方法发展的契合性

（一）协调发展理念与大学生思想政治教育方法具有合目的性和合规律性

随着时代的发展进步，思想政治教育的方法也在发展，这种发展是联动地向前的。"在社会历史领域内进行活动的，是具有意识的、经过思虑或凭激情行动的、追求着某种目的的人"。协调发展理念是党和国家根据我国的实际情况，反复探索社会发展现状提出的新认识、新规律。它不仅新颖，而且深刻，并能对实践起到促进作用，是马克思主义基本原理同中国社会实际的有机统一，具有先进性，能够促进思想政治教育方法发展。所以，协调发展理念引领大学生思想政治教育方法发展是合目的性和合规律性的。

（二）坚持协调发展理念是解决现实困境的科学选择

当前，大学生思想政治教育方法发展面对的现实困境主要有：传统的方法与理论严重滞后于当前时代的发展；部分教育者在施教的过程中缺乏人文关怀，不注重受教育者的身心健康发展；思想政治教育的方法单一，对新理论、新方法的关注不够。面对这些现实困境，思想政治教育工作者应以协调发展新理念为指导，不断探索新方式、新手段、新机制，进而实现思想政治教育的新发展。

（三）协调发展理念是实现思想政治教育现代化发展的行动指南

方法是联系理论与实践的中介，方法的变化会引起这一领域的连环反应。习近平总书记强调指出："发展理念是发展行动的先导。"协调发展理念具有先进性，是马克思主义中国化发展的新成果，将协调发展理念作为发展大学生思想政治教育方法的先导，与我国"教育现代化基本实现"的战略部署相契合。邓小平提出"教育要面向现代化、面向世界、面向未来"，把教育的现代化放在最前面，这不仅强调了教育要符合现代化的需求，也强调了教育本身的现代化。思想政治教育要实现自身现代化，需要在理念、手段、方法等方面进行改革和创新。发展思想政治教育方法与协调发展理念相结合是理念现代化的体现，协调发展理念是实现思想政治教育现代化发展的行为指南。

四、协调发展理念引领大学生思想政治教育方法发展的要求

（一）发展要体现差异性

思想政治教育的对象具有个体差异性，因此，在思想政治教育过程中要因材施教，对不同的学生选择不同的方法进行教学。首先，思想政治教育方法的选择要尽量满足教育对象的需要，适应他们的思想特点及行为方式。教师在平时授课时，需要注意将显性教育同隐性教育相结合，注意方法形式要"接地气"，把显性的理论宣传、讲解、解说等方法，与实践活动、文化娱乐、游戏等隐性方法结合起来。其次，教师应灵活运用网络媒体进行教学，教学内容应贴近学生的实际生活，并注重每一位学生的接受程度和学习效果。此外，应结合大学生的网络兴趣爱好建设相应的学习网站，网站的设计形式要新颖、独特，网站的内容要生动活泼，引人入胜，还应根据学生的实际情况制作难易程度不同的翻转课堂"微视频"，使教育对象可以自由选择适合自己的视频来学习。

（二）发展要突出整体性

思想政治教育方法的发展要坚持发展中的对立统一，突出发展的整体性，并在协调发展理念的指导下扩大发展空间，增强发展后劲。首先，将教育者、受教育者及相应的教学方法结合起来，并组成一个个差异的集合体。在这些集合体中，各种因素之间相互协调配合，使整体能更好地发挥作用。其次，探索和研究思想政治教育方法发展问题时必须用系统的、整体性的思维来考察，协调各种方法之间的关系。例如，在进行思想政治教育实践活动时，"将教师价值引导方法同受教育者道德学习、道德接受与道德建构方法配合"。第三，在整个思想政治教育过程中，都应运用多元化的现代教学方法进行教学，如发现教学法、问题导向法、人文关怀法等，多种方法共同作用，以提高学生的学习效果。

（三）发展要坚持与时俱进

社会在不断发展进步，新时代的思想政治教育方法应坚持与时俱进，在先进的协调发展理念的引领下变革创新。首先，用协调发展理念引领思想政治教育方法发展同习总书记重视的创新驱动发展"新常态"相契合。把协调发展理念同思想政治教育方法发展深度融合，形成一种崭新的形态，才能促进思想政治教育朝着多元化、系统化的方向发展。其次，高校是建设创新型国家的主要阵地，是实现国家和民族永续发展的重要支撑，高校应站在时代前沿，以协调发展理念为指导，促进思想政治教育方法的发展。第三，网络

的发展给传统的思想政治教育带来冲击，传统的思想政治教育方法已不能满足学生的学习需求。在今天的多媒体时代，高校应在思想政治教育领域高举协调发展理念的大旗，充分利用互联网平台和多媒体技术，创新思想政治教育的方法，推进思想政治教育的发展，增强学生学习的主动性和积极性，进而提高学生的学习效果。

第三节　坚持绿色发展理念作为高校思想政治教育的新使命

一、绿色发展理念与高校思政教育的关系

2016 年的全国教育工作会议指出："要以党的十八届五中全会提出的五大发展理念引领未来教育发展。"会议还特别强调："要以绿色发展引领教育风尚，不仅要实现教育体系的青山绿水，更要加强生态文明教育，培养师生的绿色观念。"高等教育作为国家教育的重要组成部分，高校思政教育作为坚持思想引领、立德树人，培养中国特色社会主义事业的建设者和接班人的主渠道，有责任将绿色发展这个党和国家的发展理念，将绿色发展指引下社会的发展趋势，通过理论学习和实践学习的方式，实实在在地传递给学生，培养学生形成能够捕捉时代发展机遇的敏锐感和对社会发展有担当的责任感，让他们成为能够适应时代发展、促进时代发展的人才。

二、绿色发展理念视域下高校思政教育的任务

（一）培养学生的绿色价值取向

绿色发展理念的价值取向就是"正确处理经济发展同生态环境保护的关系，牢固树立保护生态环境就是保护生产力、改善生态环境就是发展生产力的理念，更加自觉地推动绿色发展、低碳发展、循环发展，绝不以牺牲生态环境为代价换取一时的经济增长。"该价值取向在理论上集中体现在习近平总书记提出的"绿水青山就是金山银山""既要金山银山，又要绿水青山"，以及"宁要绿水青山，不要金山银山"这三个论断上，在实践上集中表现在以浙江省安吉县为代表的既促进经济发展，又改善生态环境的美丽乡村建设上，是有益于中国发展的价值取向。

用正确的价值取向教育学生，是高校思政教育的内容之一。价值教育是有关人们行为正当性的原则教育，其最重要的培养目标在于培养良好的、积

极的、负责任的公民。它致力于价值观念的塑造、价值态度的培育、价值理性的提升以及正确的价值观念的养成。在建设美丽中国，实现中华民族永续发展背景下，每一个中国人都有责任重视生态文明建设，而青年的价值取向决定着整个社会未来的价值取向。所以，把价值教育作为任务之一的高校思政教育，必须担负起树立大学生绿色价值取向的任务。

（二）培养学生养学生的绿色职业选择

高校思政教育的任务之一是就业指导。高校的就业指导不仅要正确引导学生具有正确的就业和创业观，还要帮助学生解读政府政策，认清社会发展趋势，准确定位，精准点穴。就业指导中的思想政治教育，必须通过理想信念的宣传教育以及科学的世界观和方法论的延展性教育，引导大学生正确认识党的路线、方针、政策，以及国家的就业形势、就业政策，客观对待新的就业形势中出现的新问题。

在突出生态文明建设，加快绿色发展的背景下，中国社会经济政策和经济形势正在向绿色转型。《中国制造2025》作为中国政府实施制造强国战略第一个十年的行动纲领，在坚持基本方针之中也体现了绿色发展理念；国务院发布的《关于积极推进"互联网＋"行动的指导意见》，提出了我国"互联网＋"融合发展的11个重点领域，其中就有绿色生态；浙江省以"五水共治"倒逼转型升级，整治污染行业，淘汰落后产能，推进绿色发展。

在这种形势下，高校要正确地做好就业指导，提高学生的就业质量，提升学生的创业成功率，就必须把握住绿色发展的时代潮流，引导学生形成"绿色"底线思维，从事有绿色发展前景的行业，培养学生的绿色职业习惯，使其避免踏入污染行业和落后产业。

（三）培养学生的学生的绿色生活方式

绿色生活方式是落实绿色发展理念的最直接体现之一。"绿色生活方式与我们每个人的生活息息相关，体现我们对绿色发展理念的认同度、践行力，对绿色发展和生态文明的最终实现具有基础意义、关键作用。党和政府高度重视绿色生活方式的养成，环保部推出了面向全民的《关于加快推动生活方式绿色化的实施意见》，教育部长袁贵仁也在2016年全国教育工作会议上的讲话中指出："要培养师生绿色观念，反对奢侈浪费，崇尚勤俭节约，养成绿色的生活方式和行为规范。"

让学生养成良好的文明习惯，是高校思政教育的题中之义。培养学生的绿色生活方式，是文明养成教育的组成部分。要让学生不仅能知行合一，成为勤俭节约、绿色低碳、文明健康的生活方式与消费模式的践行者，形成在衣、食、住、行、游等方面节约集约的行动自觉；还能成为绿色发展理念的传播者，在生活中推广绿色服装、提倡绿色饮食、倡导绿色出行、抵制和反对各种形式的奢侈浪费、不合理消费等等。

三、高校开展绿色发展理念教育的具体路径

（一）注重理论讲授

高校思政教育工作者必须加强对绿色发展理念的学习和研究。高校辅导员作为大学生大学期间思想、学习和生活的导师，思政课老师作为思想政治理论课的主讲人和研究者，均承担着引导学生树立正确的世界观、人生观、价值观的任务。要想让学生具备绿色发展观念，辅导员和教师必须首先加强自身绿色发展理念的研习，掌握绿色发展理念的理论，关注绿色发展的实践，让自己在教授学生时言之有物，言之成理，言之有效。

开展理论教育既可以采取课堂教授，也可以采取学生自学的方式。

1. 充分利用课堂，依托思想政治理论课这个思政教育的主渠道，在讲授《毛泽东思想和中国特色社会主义理论体系概论》和《大学生思想道德修养和法律基础》两门课时，加人绿色发展理念的有关理论和相关实践内容。

2. 要求学生进行自学，组织学生利用邓小平理论研究会、学生党员学习沙龙等形式，开展绿色发展理念的自学活动。

（二）注重实践引导

1. 组织学生看一看

绿色发展理念的培养需要组织学生走出去，观察社会的绿色转型。可以组织学生走进各地市"五水共治"指挥室，听取以治水倒逼转型升级的工作介绍走进"两山"理论诞生地和美丽乡村发源地，感受绿色发展的实际成就；走进农村基层，感受绿色发展指引下基层经济社会面貌的转变。

2. 组织学生做一做

依托校内环保社团，开展诸如绿色祭祀、旧衣回收、垃圾分类、杜绝浪费、禁止吸烟等宣传和践行绿色生活方式的学生活动。与学校有关部门和基层社区联合，以当下"五水共治"中心工作为切人点，选派学生干部担任校内和校外河道的"河长"，履行"河长"的巡查、举报等部分职责，在实践中承担部分生态文明建设责任。积极参与地区生态文明建设活动，利用世界水日、世界湿地日、世界清洁地球日等环保时间节点，开展水样采集、环保知识竞赛等活动，让绿色发展理念深入人心。

（三）注重环境熏陶

1. 重视高校教育者的言传身教

高校教育者要树立绿色发展理念，践行绿色生活方式，做绿色生活方式的典范。让每一位教师都承担起做思想政治工作的责任——教师不仅要言传，更要身教，良好的师德师风本身就是一部最有说服力、感染力的思想政治工作教科书。

2. 建设绿色校园环境

参照国家《绿色校园评价标准》，按节能、节地、节水、节材和环保的理念开展绿色校园建设。积极规划学校绿化，建设绿色覆盖、环境优美、建筑与绿化相互交融的美丽校园。充分利用教室、寝室、实验室、食堂等场所，以及雕像、文化长廊、文化小道等设施，宣传绿色发展理念。使用富于生态文明内涵的名字命名校园建筑，使高校建筑、校园空间发挥"润物细无声"的文化熏陶作用，实现校园环境功能性和人文性的统一。

第四节 坚持开放发展理念拓宽高校思想政治教育的新格局

社会改革开放时代的到来，给高校思想政治工作的发展带来了良好机遇，也提出了更高的要求。高校思想政治教育开放式理念应运而生，这是改革传统教育模式弊端的必然要求。开放式教育模式是针对传统封闭式、灌输式教育模式而言的，是指以寻求学生自主学习为中心，以提高学生学习效果和培养人的全面发展为目的，通过营造开放、民主、平等、自由、互动、和谐的师生关系及教育氛围，优化各种教育资源和环境，借助社会力量和现代化科技成果和手段构筑起来的新型教育模式。

一、开放式理念下高校思想政治教育的内涵和外延

开放式理念下高校思想政治教育的内涵和外延是什么？搞好新时期思想政治教育工作应当从哪些方面着手和努力呢？笔者认为，在开放式条件下搞好思想政治教育工作应包括以下三方面的内容：

（一）突出"德育"在素质教育中的地位，对思想政治理论课内容进行改革

在开放式理念下开展高校思想政治教育，一方面应继续坚持传统思想政治教育的成功做法，把思想政治理论课作为高校德育的主渠道、主阵地；在

努力增强必修课教学，配套选修课教学的同时，要充分开展各种课外活动、社会实践教学以及各种健康向上的"主题日"等活动，以开放的标准拓展高校思想政治教育的内涵和外延，努力实现内容创新，增强时代感，提高针对性、主动性和实效性；另一方面，又要针对改革开放条件下大学生思想政治工作不断出现的新情况、新问题，要以全新的理念和视角有针对性地开展思想政治教育工作，做到有的放矢，举一反三。如在校园开展党的基本路线教育，聘请专家来校进行全球化环境下"抓住机遇，应对挑战"的教育，强调"发展是硬道理"、"发展是执政兴国的第一要务"的教育，唤起大学生的紧迫感和忧患意识。

（二）重视校园文化建设，在校园建立全员育人的思想政治教育环境

在高校，德育课堂是德育工作的桥头堡、主阵地，高校的所有其他课程也都具有培养人、塑造人的功能；学校机关、单位、群众组织的工作人员都担负着管理育人、服务育人的职责，对大学生的成长和世界观、人生观、价值观的形成起到潜移默化的作用。德育工作者作为高校思想政治教育的主力军，更要树立"学为人师，行为世范"的理念，严于律己，爱岗敬业。教学工作应注重与社会实践活动相结合，在开展社会实践上下工夫。德育工作者要使学生信服，很重要的一点是绝不能与现实脱节，否则，教学效果将会脱离实际，流于形式。

（三）高度重视网络思想政治教育工作

当前，网络日益成为人们获取信息的重要渠道，它既给人们带来了便捷获取信息的途径，也使高校思想政治教育变得复杂化、多样化。传统思想政治教育工作者如何利用互联网对大学生开展思想政治教育，这是必须尽快回答的一个重大现实课题。我们要坚持"充分利用，积极建设，加强管理"的原则，以"建立网络阵地，提高实效性，扩大覆盖面，增强影响力"为工作目标，创造性地开展网络思想政治教育。首先，应高度重视高校网络思想政治教育，在高校网上大力弘扬时代精神和主旋律，抢占新阵地。其次，应以互联网为纽带，坚持进行高校思想政治教育方法和手段的创新，努力营造出全新的网络文化氛围，使互联网真正成为高校思想政治教育的主要载体之一。再次。高校德育工作者应该利用互联网的特性，趋利避害，使互联网不但不会成为我们思想政治工作的盲区，而且能够为我们的思想政治工作的开展带来便利，促进高校思想政治工作取得新的进展。

二、开放式理念下构建高校思想政治教育模式的具体途径

在开放的信息化时代，如何构建高校思想政治教育的新模式？必须根据新时期高校思想政治教育呈现出的开放性、社会化、创新性和人文性特点，紧跟时代步伐，突出时代特征，以适应求发展，以改革求创新，努力开拓高校思想政治教育工作的新模式和新途径。

（一）确立开放的高校思想政治教育理念

全球化是当今时代的重要特征和必然趋势。在全球化背景下，高校思想政治教育环境和内容的开放性越来越明显，因此，应加强对当代大学生进行开放性思想政治教育。那么，何谓开放性思想政治教育呢？开放性教育首先应以观念的开放性和人际关系的开放性为基础。在开放式条件下，高校思想教育和社会环境之间的界限逐渐变得模糊起来，各种社会思潮在大学生身上都有不同程度的反映和表现，使高校思想政治教育的实效性正在经受实践的选择和检验，高校与社会之间的关系正处于共生和互动的新格局之中。高校社会化的出现，更对大学生的生活方式、交际方式、思维方式和价值取向产生广泛而深远的影响，使大学生思想呈现出多元化的特点。因此，要处理好大学生思想的多元化和社会主义意识形态的主导性之间日益尖锐起来的矛盾。在开放式条件下，高校思想政治教育要从当代青年的实际情况出发，坚持主导性和多样性的统一。如果只讲主导性而忽视多样性，就会使思想政治教育脱离实际而流于形式，使得主导性难以实现；同样，只讲多样性而无视主导性，就会使思想政治教育偏离正确的发展方向。

（二）对高校思想政治教育内容和方法进行改革和创新

首先，要加强大学生创新和创业意识的培养。在知识经济条件下，经济和科技的竞争，不仅表现为人才数量和人才结构的竞争，更表现为人才创新精神和创造能力的竞争。培养大学生成为具有创造性思想、创造能力的人才，既是高校培养人才的方向和目标，又是我国教育改革和发展的方向和重点。其次，应加强学生自我教育、自我管理、自我发展意识的教育。开放式条件下高等教育的大众化，信息来源的多样化及学生就业机制的改革，使高校面临一个前所未有的复杂社会环境。在新的条件下做好学生的思想政治工作，就要坚持教书与育人相结合，坚持政治理论与社会实践相结合，坚持继承优良传统与改革创新相结合，使学生不至于在复杂的社会环境中走入人生的歧途。最后，为适应市场经济条件下家庭状况分化的特点，思想政治教育应关注以特困生为代表的特殊学生群体的教育，探索建立大学生家庭联系沟通机

制，家校配合，促进大学生思想政治教育水平的提高。

（三）充分利用网络这一思想政治教育新载体

高校思想政治教育除不断发扬和改进传统有效的活动方式外，还要利用网络作为一条新途径加以探索。利用网络开展思想政治教育，可以从以下几方面着手：第一，提高德育工作者素质，促进专业教师掌握网络技术。要从培养人和全面提高学生综合素质的高度充分重视高校干部自身素质的提高，进行网络技术或信息高速公路知识的"扫盲"活动。第二，教师对学生上网应提供必要的指导。第三，丰富网上思想政治教育内容，使网络成为思想政治教育的主要载体之一。一是可以尝试把马列主义、毛泽东思想、邓小平理论和"三个代表"重要思想上网，设立专门站点，把主渠道的灌输和网上的积极渗透结合起来，增强教育效果。二是积极开发利用网络技术手段，使学生思想政治工作和日常管理工作逐步走向信息化、网络化。德育工作者不仅要把互联网、BBS等当做了解学生思想政治状况的窗口，而且也可以开展网上思想交流与沟通，使网络成为学生与教师以及相关思想教育专家交友谈心、宣泄情感的重要场所，真正使信息高速公路这柄"双刃剑"为我所用，使其成为高校思想政治教育工作的又一崭新途径。

第五节 坚持共享发展理念升华高校思想政治 教育的价值

新时代，"双一流"建设背景下，推进高校思想政治教育供给侧结构性改革，必须紧紧围绕共享发展理念，将其内涵实质和实践要求全方位融入高校思想政治教育的改革与创新中，激活高校思想政治教育的发展动力，让师生共享高校思想政治教育的发展成果。

一、共享发展与高校想政治教育的内在契合

（一）共享发展理念契合马克思主义发展观

共享发展是马克思主义的本质要求。马克思、恩格斯在《共产党宣言》中描绘了未来社会的理想蓝图，在那样一个共产主义社会里，每个人都可以全面自由发展，人们可以极大地共享发展成果。的确，人民群众是历史的主体、实践和认识的主体，也就理所当然地要成为价值的主体；人民是价值的创造者，也应该是价值的享有者。党的十八届五中全会指出："坚持共享发展，

必须坚持发展为了人民、发展依靠人民、发展成果由人民共享。"我们党始终坚持人民至上，始终围绕"人民对美好生活的向往"，它既是对马克思主义发展观的一种继承和发展，也是我们党发展理念的一个新突破。共享发展的核心理念是以人为本、实现人的全面发展，这与高校思想政治教育的目标也是吻合的。思想政治教育的共享性，体现为教育的最终目标是以人为本，促进人的全面发展。

（二）共享发展理念契合社会主义核心价值观

"共享"是千百年来我们中国人民的美好追求，从孔子的不患寡而患不均，到孙中山的民有、民治、民享，共享一直都是国人心中的一种美好愿望。当然，"共享"不但是中国共产党人的奋斗目标和理想，也是其奋斗的动力源泉。共享发展理念是中国特色社会主义的本质要求和价值旨归，没有共享也就无法体现社会主义的优越性。因为它表达了对社会公平和正义的追求，这与社会主义核心价值观也存在着必然的联系。其实质都是要由人民共享发展成果，使全体人民在共建共享发展中有更多的获得感。社会主义高校姓"社"的原则要求高校思想政治教育必须认真宣传党的执政新理念，也就要求高校自觉主动地把共享发展理念融入思想政治教育。作为我们党执政理念的新表达，共享发展理念与社会主义核心价值观的内核要义是相契合的。当然，培育和践行社会主义核心价值观，也是新时代赋予高校思想政治教育的价值使命。新时代，进行伟大斗争、建设伟大工程、推进伟大事业、实现伟大梦想，都需要以具有强大生命力、凝聚力和感召力的社会主义核心价值观凝神聚力。

二、共享发展融入高校思想政治教育的必要性

（一）思想政治教育的时代诉求

共享发展理念倡导发展过程人人参与、发展成果人人享有。当前，将共享发展理念融入高校思想政治教育体系，既是高校思想政治教育教学的重要内容，也是其自身在新时代实现新发展的需要。高校思想政治教育教学本身就是一种普及知识的"共享"活动，必须要深刻理解共享发展理念并将其基本内涵和实践要求全方位融入高校思想政治教育的发展与创新中。

党的十九大以来，加强和改进高校思想政治教育的一个重要发展，就是把它与党的整个意识形态全局工作紧密相连。因此，共享发展理念融入思想政治教育也是高校在意识形态领域巩固马克思主义主导地位的一项重要工作。

将共享发展理念融入高校思想政治教育全过程，不仅能丰富思想政治教育的研究视角，也能够进一步完善高校思想政治教育理论体系。当然，合理将共享发展理念与教材理论知识相结合，并融入教学中，也是新时代的高校思想政治教育自身发展的诉求。

（二）青年学生的发展需求

青年学生作为高校思想政治教育的对象和主体，他们都是鲜活而独立的思想个体。因此，共享发展理念下的高校思想政治教育，在思想政治教育方法上，要采取多样性和灵活性相结合的方式，尊重差异、鼓励创新、重视个性发展，使大学生实现真正意义上的自由而又全面的发展。

随着青年学生主体意识的不断增强，大学生思想政治教育也更加重视人性化的发展。这也要求高校思想政治教育在共享发展理念的引领下，使思想政治教育的发展成果惠及全体学生。高校思想政治教育坚持共享发展，必须以促进大学生的全面发展为根本目标，始终坚持以学生为本的原则，一切从大学生的现实需要出发，把维护好、实现好大学生的根本利益作为教学工作的出发点和落脚点，形成人人参与、人人尽力、人人享有的良好的教育局面。

新时代，要以共享发展为目的，实现大学生对思想政治教育的新期待，坚持共享发展，必须坚持发展为了学生，发展依靠大学生、发展成果由大学生共享，让学生"看得见、摸得着、真感受"。

（三）新时代赋予的新使命

"发展理念不是凭空产生的，而是源自对发展实践的总结和反思。"共享发展理念是我国经济社会发展到特定阶段，使改革开放成果惠及全体社会成员、彰显社会公平和正义的必然选择。在今天中国共享经济飞速发展的时代，教育领域也需要跟上时代潮流，积极探索共享教育新模式。

新时代，要深刻认识共享发展理念融入高校思想政治教育的时代价值。十九大以来，我们党一直在强调要不断实现发展成果由人民共享，让发展成果更多、更公平地惠及全体人民。这就要求在高校思想政治教育中，要坚定为学生服务、让师生共享发展成果等思想。很显然，共享发展理念在人的思想上的落实要靠教育，由此，高校思想政治教育必须对共享发展理念的相关问题做出回应，要在深入研究共享发展理念的内涵实质和深远意义的同时，将共享发展的抽象理念具体化为学生易于理解与接受的价值观念，并将它外化为能够指引学生具体活动的行为规范，让学生真正学有所获。

三、共享发展与思想政治教育的融合途径

（一）以共享发展理念为引领

新时代要树立新的思政观。对于高校来说，必须以共享发展理念为引领，并将其融入思想政治教育教学全过程，这不仅是创新思想政治教育教学的必然要求，也是高等教育内涵式发展的内在需要。共享发展理念融入高校思想政治教育不仅仅要求理念上的融入，更强调其在实践教学中的应用。因此，高校必须切实加强新时代思想政治教育的实践育人工作，积极组织思想政治教育实践活动。比如，举办系列讲座活动、组织学生参观红色基地的实践活动等，使青年学生不仅把共享发展理念内化于心、更外化于行。共享发展理念融入高校思想政治教育实践，既是推动高校思想政治教育科学化发展的精神旗帜，又是实现"立德树人、育人为本"教育任务的一个有效途径。新时代，高校必须牢固树立新的思政观，构建实践育人共同体，打通实践育人"最后一公里"。

（二）构建共建、共享的教育体系

共享发展理念为高校思想政治教育的发展指明了成果目标。高校思想政治教育的发展，就是要形成人人共享教育成果的良好和谐的氛围。当前，构建共建、共享的教育体系，一方面，必须积极推动优质教育资源共享。整合校内资源，促进域内及校际资源共建共享。大力推动高校间优势教育资源的整合与共享，加强校校间优质资源共享，建立和完善校际课程互选，探索构建学校间协同育人模式。另一方面，加强域内文化资源的共享。高校可以与社会共享体育馆、图书馆、文体设施等资源。高校也要不断深化与社会的联系，充分利用社会资源，配合思想政治教育的教学，同时与社会分享教育资源，形成家庭、学校、社会共育协育的良好教育生态。

总之，只有共建才能共享，共建的过程也是共享的过程。高校要乘着共享经济的时代东风，努力在教育教学活动中践行共享发展理念，提升师生的获得感。

在一流学科建设的背景下，高校思想政治教育领域也要积极主动作为。高校思想政治教育教学既要有深度、更要有温度。新时代，奋斗正当其时，必须以共享发展筑牢高校思想政治教育的根基，推动共享发展理念在高校落地生根、开花结果。让高校思想政治教育在新时代有更大的新作为，努力使我国高等教育日益走近世界舞台的中央！

第四章 互联网与思想政治教育的研究

第一节 互联网发展对思想政治教育的影响

一、互联网的发展

（一）移动便捷的碎片化阅读

我国移动上网终端的使用正越来越普及，第 34 次中国互联网络发展状况统计报告指出，截至 2014 年 6 月，我国网民上网设备中，手机使用率达 83.4%，首次超越传统 PC 整体使用率（80.9%）。移动互联网及其终端渗透到人们的日常生活，改变了人们的阅读、思考、消费等生活习惯，带动了整个互联网各类应用的发展。

移动互联网最大的特点是移动性，用户可以通过移动终端随时随地上网，进行网络通信、阅读、社交、游戏、购物、金融等活动。移动操作方便、快捷，可以充分利用人们的闲暇的间隙，等公交、坐公交时，散步、吃饭时，甚至开车时都能进行互联网的使用操作。操作过程中对信息的浏览短暂、快速，呈现出碎片化、浅表化的倾向，移动互联网正影响并改变着读者的阅读方式、习惯和兴趣。

因此，在媒体融合及"互联网＋"的模式中要充分利用正在普及的移动互联网，结合移动互联网阅读的便捷、快速、碎片化、浅表化的特征进行网络应用的开发，改变信息加工的方式，以及传播的内容和形式，将重要信息和操作尽量制作得简洁、通俗、易懂，让用户方便、快速地理解并获取。

（二）视频应用的轻松愉悦

人类传播的发展历程中，经历了口语传播、文字传播、印刷传播、电子传播的依次叠加的几个时代。对文字、声音、图形、图像、动画、视频等媒介的传播也是一个不断丰富、逐步融合的过程。在这些媒介形态中，视频阅读的优势越来越明显，它通俗易懂，阅读门槛低，阅读体验最轻松愉悦；给人以视听综合刺激，传播效率高，传播效果好。视频传播过程中，可以短小精干碎片化，如各类短视频、精彩片段等；可以系列体系连续化，如电影、连续剧等。现代的技术和市场能够方便、快捷、廉价、高效地实现移动终端的上传下载，移动上网的速度越来越高，4G 移动网络的上传速度达到 20Mb/s，下载速度更是达到了 100Mb/s 以上，下载一部 1Gb 的视频仅需几秒，在视频直播和点播中几乎没有延时和缓冲时间。同时移动上网的流量资费不断下调，为用户浏览视频提供了廉价便利的网络环境，不但激发了用户网上视频阅读的欲望，更加鼓动了网民拍摄视频、上传视频，进行视频互动和视频传播的热情。截至 2015 年 6 月，中国网络视频用户规模达 4.61 亿，其中，手机视频用户规模为 3.54 亿，手机端视频用户占总体的 76.8%。

视频传播在移动互联网中的影响越来越大，地位越来越重要，视频化成为移动阅读的基本特征。因此，在媒体融合及"互联网 +"各类应用中，应该充分利用移动互联网进行视频传播，融合视频制作、处理、转换、发布功能，实现视频的点播与直播，以提高在线视频的用户数量。

（三）社交应用的深广渗透

移动终端上网作为一种便捷的网络信息交流方式已经被社会大众广泛接受，用户通过移动终端访问社交网络，沟通交流方便、互动即时，浏览下载、自媒体传播更高效，社交网络已不仅是一种工具，而成为人们的一种生活方式。移动互联网促使网络社交环境发生了重大的变化，博客、微博、QQ、微信，以及各类社交 APP 在移动终端中得到了广泛应用，使用户即时获得信息及信息反馈，移动社交网络成为无时无刻、无处不在、无所不包的互动平台。移动网络社交中，用户角色的虚拟和匿名性正逐渐消解，用户个人身份的真实性和个性逐步张扬，线下真实社会生活中的社交活动逐步转移到线上并得到了扩展，且有离不开网络社交的趋势。同时，移动网络社交扩大了使用者的自主传播权，社交网络也成为重要信息源扩散的渠道，重要的新闻信息往往最先在社交网络中传播，并常常成为传统媒体的信息源。

在移动网络社交中，逐步形成了各种社交群落，如家长群、同学群、同事群、同乡群、家庭群等等，在社交群落中除人们日常的沟通交流之外，人类的各种活动正日益渗透到社交群落之中，如传销促销、宣传造谣、代购转让、教育教学等等，有些甚至形成了相对固定的专门群落，实现了更为紧致的专业功能。因此，在媒体融合与"互联网 +"的应用中，不可忽视人们通过移动互联网形成的社交网络，应充分利用移动互联网的社交性，积极为自己的网络应用搭建社交平台，吸引大众参与到自己的社交平台中来，在人们的社交活动以及社交群落中实现自己的网络应用功能，从而实现自己的目标价值。也可以通过技术手段去发掘和利用已有社交平台中的社交群落，寻找社交群落的个性特征进行自己网络应用和信息的推送和推促进网络应用在社交成员之间的相互推介，甚至从一个群落进入另一个群落。

（四）娱乐应用的无孔不入

娱乐是人类的天性，娱乐化倾向在现代传播中越来越明显，在移动互联网传播中，娱乐化更是一统天下，在信息沟通、资讯获取、影音视听、游戏应用、购物消费等过程中娱乐无处不在。正是抓住了娱乐的商机，现代互联网企业巨头们普遍具有浓厚的泛娱乐化色彩，如腾讯、开心、人人、优酷等，其壮大无一不是以娱乐为基点。现代移动网络在满足大众对信息交流的基本需求后，娱乐应用的需求开始爆发，移动终端可以方便地即时通信、浏览网页、玩游戏、听音乐、看电影、传视频等。移动终端强悍的功能、移动网络越来越快的速度以及移动数据资费的不断下降，使得移动互联网爆发出无穷的娱乐魅力。

娱乐性是当今移动互联网的重要特征，移动网络能够根据用户的兴趣爱好进行途径多元、内容轻松、形式多样的自动推送，这样用户必然会越来越多，能实现较高的传播效益和商业利益。现代企业的发展中已经离不开移动互联网，"互联网+"的模式逐步走进人们的生活，娱乐也成为产业链上重要的突破口，成为"兵家必争之地"。未来移动互联网传播中，泛娱乐化无疑将更具生命力，谁能将娱乐做大做强，谁能更好地融合大众娱乐，谁就会创造商业神话。

（五）移动支付的商业价值

随着智能（手机、ipad 等）移动终端的普及、移动网络速度的提升、互联网应用的普遍支撑以及网络资金和信息的安全可靠等，为移动支付创造了越来越好的条件，移动支付的实践在人们的日常生活中也越来越普及。无论是淘宝、天猫、京东等购物平台，还是社交、游戏、视频平台，以及通信、资讯等网络平台，都越来越多、不可或缺地集成了移动支付功能，并成为商家和用户网络生存的关键环节，成为网络平台中最流行、最受关注的领域。大到数万元的转账或购物支付，小到在小店买瓶矿泉水，都可以实现移动支付。各类产品和服务的销售，越来越多地实现了线上销售，并越来越多地依赖线上销售。自 2011 年 5 月中国人民银行向支付宝、财付通、快钱支付等 27 家公司颁发首批第三方支付牌照后，我国移动支付的业务规模呈爆发式增长，如中国支付清算行业运行报告（2015）显示，2014年我国支付机构共处理移动支付业务153.31亿笔，8.24万亿元，同比分别增长305.9%和592.44%。

移动支付代替了传统支付中冗长的手续和现金找零、实物刷卡等携带操作等不便，其操作极为快速、方便、安全，给用户带来了超强的使用体验而备受大众的喜爱。支付宝、财付通、微信支付、翼支付、手机银行等越来越成为人们日常生活的一部分，作为生活方式、消费方式、产业模式等，移动支付已经成为不可阻挡的发展趋势，众多支付工具的激烈竞争也使用户得到了更多的实惠和便利，同时也使移动支付更安全可靠、更普及，移动支付的功能越来越强大，使用范围越来越除了普通支付、转账外，代缴水电气费用、购买基金保险等各类结算均可实现。为此，在媒体融合和"互联网＋"的应用中，各行各业在利益实现的过程中应顺应时代的发展，紧紧抓住现代网络的移动性和移动支付的特征，顺应用户的支付习惯，选择并建构快捷、便利、安全的移动支付功能。

（六）用户体验的人本追求

用户体验是指用户在操作或使用一件产品或一项服务时所做、所想、所感。是用户在使用某种产品或服务的过程中所获得的生理与心理的主观感受，是一个对用户在与产品交互的过程中形成的各种感觉、知觉、情绪、情感状态的动态记忆累积过程。体验是人们对所接触事物的感知，是当主体达到情绪、体力、智力甚至是精神的某～特定水平时，他意识中产生的美好感觉。"这种感知极为感性，倾向于感官刺激，有时对理性是一种排斥，如苹果手机使用体验，无论是外观还是操作或是功能新能，都开启了人们前所未有的使用体验。为此人们对之趋之若鹜，甚至有媒体报道，有人卖。肾去购买苹果手机，这里表现出对体验的追求达到了极致，不但非理性，甚至达到疯狂的程度。

体验因此也成为一种可以利用的资源而抓住用户、创造财富。20世纪70年代，托夫勒在第三次浪潮中曾指出"服务经济的下一步是体验经济，商家将靠提供这种体验服务取胜"。以人为本的人性化是体验的最大特点，用户体验成为首要目标，产品功能、服务质量等均要以用户体验为核心，产品质量再好，用户使用不舒服则必然没有市场，因此，用户体验正成为经济的主导并最终决定市场的发展。

移动互联网的用户体验体现为移动终端的使用和各类移动网络服务的享受时的主观感受，通常表现为产品和服务的接受程度、使用满意度和享受程度等，如终端的品牌、外观、质感、速度、清晰度等，操作的简易、便捷、舒适等，服务的有用、易用、贴心、周到、安全、人性化等，总之就是迎合用户的使用习惯与思维定势，为用户提供使用享受，确保用户的感知、行为、情感等体验的最佳化。关注用户体验才能使自己的产品和服务成为用户心动的选择，从而吸引和培养忠实的用户，实现经济价值。否则，用户体验差强人意，不方便、不舒服、不符合使用习惯，即便产品性能卓越也会失去市场而惨遭淘汰。用户体验性是移动互联网各类应用的重要特征，在应用的功能模块和内容传播中需要处处为用户着想，要深入用户的生活世界和行为偏好。注重在有用性、易用性、安全性、视觉美感性、内容吸引性等方面提供使用享受。

二、互联网对高校思想政治教育的影响

"互联网 +"在两会被纳入国家战略后，以前所未有的速度席卷而来，各行各业莫能避之，教育领域也正在发生颠覆性的变革。我们必须辩证审视互联网在学生思想政治教育方面的影响，才能顺势而为，做好高校思想政治工作。

（一）互联网对高校思想政治教育产生的积极影响

1.开阔视野，增强高校学生创新创业观念

互联网的到来，也是信息的到来，一个"网"字，将整个世界联系在了一起。互联网包含的信息浩瀚如海，涵盖着社会生活的方方面面。互联网不受时间的限制，你可以随时随地的浏览和获取你想要的信息，也不受国界的影响，你不仅可以了解本国的信息，还可以了解其他任何国家的信息。互联网的这些特点，对于高校学生的学习和创业提供了一个很好的平台。高校学生正处在一个发展的阶段，对于很多新鲜的事物都有一种不自觉的好奇心，喜欢研究各种新事物，但是在研究的过程中，会遇到各种各样的问题，这时候，互联网对于他们的创新思维就起到了很大的帮助，通过在网上阅览大量的信息，满足了自己的好奇心，同时使自己的思维变得更加活跃，开始研究新事物，为自己的创业打下坚实的基础。我们很清楚的就是马云创办的"阿里巴巴"，我们迎来了"淘宝世界"，方便了广大客户的购物需求。还有现在出现的"互联网 +"，各种"APP"的应用，都是通过互联网获取信息，使自己的智育世界漫无目的的发展，促进自身主体性的发展以及社会的进步，迎合了思想政治教育的现代化发展。

2.减轻教师负担，提高高校学生学习成绩

高校是人才聚集的地方，面对高校的学生和教育，教师的负担很重，教

师不仅需要对高校学生传递知识，更要注重高校学生身体、心理以及各个方面的发展，以帮助学生全面地发展。还要参加调研、考核、项目研究等各种工作。互联网的到来，减轻了高校教师的职业负担，教师可以通过互联网查阅大量的资料作为参考，以激发自己的灵感，获取帮助，满足自己项目研究的内容。随着互联网的发展，当今社会已出现一种网上阅卷的方式，这种方式就是减轻教师负担的一种突出的体现。高校学生通过对信息的大量获取，了解更多的知识，不用时时刻刻去找老师，通过自己在网上获取信息，找到解决问题的多种方式，就可以轻松地解决问题，不但使自己掌握更多的学习技巧和方法，学习成绩提高，而且教师也可以轻松地教学，有利于教育质量的发展和提高，促进高校思想政治教育的高度发展。

3. 扩展高校学生的人际交流与交往的空间

古代社会，一个人出远门经商或者学习，只能通过快马加鞭的方式将书信送到亲人或朋友手里，一周或者半个月或者更久对方才能收到信，没办法经常和家人与朋友进行交流。可是随着互联网时代的到来，人们通过微信、QQ、微博等各种交流平台，用最快的速度和家人朋友交流。而且，我们不仅可以与身边的人交流信息，我们可以和世界各个地方的朋友进行交流，甚至可以扩展到国外。通过这些聊天工具和交流平台，我们可以学习别国的文化知识，学习别人的长处，听取别人的建议，倾诉我们的烦恼，解决别人的疑惑，增加生活的乐趣和生活的自信，交往更多的知音和朋友。在虚拟的世界里，我们可以得到在现实生活里得不到的满足感，从而充实自己的生活。

（二）互联网对高校思想政治教育的消极影响

1. "低头族"的盛行，严重影响高校学生学业成绩

"低头族"这个名词我们都很清楚，网上曾经出现过两张图片，其中一张图片刻画的是一个人躺在床上，低着头，嘴里抽着鸦片。另一张图片刻画的是一个人手里拿着手机，一直看手机里的信息。两张图片，用滑稽的图片刻画出两种社会形态下两种不同的人所表现出的社会恶习，影响着社会的进步与发展。如今高校的学生，就是第二种图片的状态，在上课的时候，一直拿着手机，在不停地聊天，刷微博、朋友圈，老师讲的什么都不知道，直到考试的时候，才会拿起书，看看之前课堂上讲过的内容，有些人甚至不看书，企图通过互联网作弊找答案，完成考试内容。这些做法，严重地破坏了高校学生思想政治教育的目的，阻碍了教育的发展，使人才培养出现严重的教育缺陷。

2.沉溺网络世界，影响大学生心理健康的发展

互联网是作为一种新事物成长和发展起来的，高校学生为满足对新事物研究的好奇心，进入到网络世界中难以自拔。很多高校学生在现实世界中总觉得找不到自己的存在感，如果在生活或者学习中遇到问题，无人倾诉，他们就将自己封闭在游戏和网络的世界里。很多网络奸商，为了获取高额利润，在网上散布一些不健康的信息，而高校学生在网络世界里寻求慰藉和得到快乐，就沉溺于网络世界里，浏览和了解各种信息，对于出现的各种信息，无甄别能力，与现实生活与人际交流脱离，被网络骗子用各种手段欺骗，最后对生活失去信心，心理问题严重，从而走上犯罪道路。这是高校思想政治教育的严重失败以及互联网的与现代社会不相适应的表现。

3.弱化了高校学生的道德意识和责任感

互联网是一个虚拟的网络世界，每个人都在用一种隐匿的身份和别人进行交流，很多互联网使用者都无法正确认识网络世界里的善与美、丑与恶，是与非，网上每个人都是一个自由主义者，这种自由引发了一系列的社会道德问题。自从互联网发展以来，高校学生通过互联网盗取别人隐私，发到网上供大家浏览，给互联网使用者本人带来严重的身心伤害，这种侵犯别人隐私权的行为，严重违背了高校思想政治教育的初衷，弱化了高校学生的道德意识。有些高校学生通过学习网络知识，在网上出售各种答案，造成社会不公平的现象越来越严重，这是对社会的不负责任，也是自身的不负责任，严重扰乱社会秩序，阻碍社会健康发展。

（三）互联网背景下高校思想政治教育的要求

为充分发挥网络在思政教育中的积极作用，最大限度降低其带来的不利影响，我们必须与时俱进改革思政课教学内容，增强防范意识，提高教学针对性。

1.坚定马克思主义信念，培育"四有"新人

理论的坚定是政治坚定的前提。马克思主义理论是科学世界观和方法论，是我们认识世界和改造世界的指导思想。要把互联网作为思想政治教育的宣传站点和信息资源库，采用科学的理论去武装人，把马克思列宁主义、毛泽东思想和中国特色社会主义理论体系在网络上高调宣扬开来。引导青年学生注重自身世界观、人生观和价值观的改造，使自己成为面向现代化、面向世界、面向未来的"有理想、有道德、有文化、有纪律"的社会主义新人。

2.加强网络文化建设，引导学生科学运用网络

网络文化是网络社会中人的精神成果的积淀与凝结，它构成了我们时代的一个最为突出的社会意识形态，逐步演变成为一种全球的力量，它正引导一场文化的创新。而这场信息化文化的进程中，西方资本主义国家处于主导地位，向发展中国家和地区大量的灌输它们的价值观和精神文化品，实施着和平演变的图谋。它们最为快速有效率的传播渠道是网络传播。因此中国必须加强网络文化建设，开展网络文化教育。

（1）增强自我教育能力

面对处于互联网时代的大学生，我们要培养他们自我教育能力和辨识力。正如联合国教科文组织所指出："未来的学校一定把自我教育主体化为教育的对象。受教育的人一定要学会自我教育，能够自己教育自己，而他人教育一定要成为自我教育。在今后几十年的科学技术革命中这种个人和他自己关系的转化变成了教育中面对的最艰巨一个问题。"作为思想政治教育手段，以网络为媒介进行自我教育，与传统的自我反思和生硬的面对面交流有着巨大的差别，学生可以依托网络获取多种信息和进行多方面沟通交流，深化和完善对相关问题的认识，这对于青年学生经常持久地开展自我教育尤为有利。因此当下要加强对青年学生的自知力、自辩力、自控力等能力的培养，同时跟进做好网络文化的心理调适，强化网络道德文化教育。

（2）健全网络文化建设的维护机制

"网络文化"是个中性词汇，既能催人奋进，也能令人迷失。因此加强网络文化建设，这是信息社会文化建设的重中之重。为防止有害信息文化的侵蚀和冲击，就要建立健全完善的网络文化维护机制，增强网络文化技术监控系统，健全网络法规，加大网络文化监督。唯有如此，我们的文化才能各种文化的较量中抢占马克思主义阵地建设的制高点，保障在网络文化上的主流声音之地位。

三、互联网条件下加强高校思想政治教育的对策

（一）建设高素质的互联网思想政治教育师资队伍，加强对高校学生的引导与监督

教师的素质高低是影响教育成败的一个关键因素，只有素质强、知识广，讲课风趣，才能吸引学生的兴趣，吸引"低头族"，抬头听讲，学习知识，提高教学质量。高素质的思想政治教育者，首先自己具备良好的网络道德意识，正确认识网络的优点与弊端，引导高校学生正确使用互联网。在互联网的不

断发展的社会条件下，高校教师要适应社会主义现代化下的网络教育的发展，改变传统的教育方式、方法，根据高校学生的发展特色，积极引导高校学生在互联网的影响下树立正确的世界观、人生观、价值观，使自己的发展以适合社会主义网络现代化的发展。培养高素质的思想政治教育的师资队伍与培养专业的计算机网络教师人员结合起来，通过两者的共同努力，对高校学生的互联网思想政治教育进行引导和监督。

（二）制定网络法律法规，鼓励高校学生积极参加社会实践活动

网络的不良信息，对高校学生的影响深刻。通过制定和实施网络法律法规，制止破坏网络社会和谐，破坏网络空间，侵犯他人营私的恶搞者，违反法律法规的恶搞者和传播各种不良信息的传播者，让他们遭到法律的制裁与惩罚，让这些传播者和破坏分子失去破坏和传播的平台。并鼓励高校学生合理使用互联网，将互联网的使用与实践生活相结合，走出虚拟的网络世界，积极与身边的家人、朋友交往，大胆说出自己的想法，表达自己的情感，让家人和朋友真正认识你，以一个健康的心理心态在现实世界里寻找快乐和满足感，积极参加社会实践活动，扩展人际交往空间，将互联网与自己的生活正确而紧密地结合起来，以符合现代化互联网思想政治教育的目的。

（三）优化校园网络环境，强化高校网络道德教育

校园网络主要是高校自己负责和管理，高校学生在学校学习，离不开互联网的使用。高校学生通过经常接触高校自己创造的互联网平台下的网络思想政治教育，引导高校学生形成健康的网络文化意识，学习互联网平台中先进的知识与技术，培养良好的网络行为和高雅的文化风尚，养成良好的网络习惯和网络品质，正确辨别互联网中的真善美与假丑恶，提高审美情趣和网络道德素养，增强互联网使用者的自律意识与能力。

互联网是一把双刃剑，给高校的思想政治教育带来发展机遇的同时，也带来前所未有的挑战，推动高校学生向现代化方向发展的同时，也影响高校学生的学习，降低了高校思想政治教育的质量。在这样的情形下，高校学生要有正确的意识观念，合理的使用互联网，将互联网与我们的实际生活、学习结合起来，趋利避害，使互联网的发展适应于社会主义现代化高校思想政治教育的要求，推动高校思想政治教育和互联网又好又快的向前发展。

第二节 互联网时代思想政治教育面临的机遇与挑战

一、互联网的出现和在教育领域的运用，给思想政治教育的主体、客体、内容、手段、效果乃至教育价值观带来全新的变化和新的拓展

（一）互联网的发展给思想政治教育的直接影响主要有以下几个方面

1. 互联网对提高思想政治教育者的素质起着积极作用

思想政治教育者即思想政治教育主体，是思想政治教育的组织者、实施者和调控者，在整个思想政治教育中占主导地位，发挥主导作用。互联网以其独特的方式为思想政治教育者素质的提高创造了条件，使思想政治教育者可以随时、随地上网学习，使思想政治教育者能快速、有效地获取有用信息以帮助他们及时准确地确定其工作重点和工作内容。互联网就像一个巨大的思想知识宝库，为思想政治教育自身素质的提高提供了一条有效的途径。

2. 互联网有助于思想政治教育对象综合素质的提高

作为思想政治教育的对象，其综合素质的高低直接影响着我们思想政治教育的难易和实效。当代青年对互联网有着浓厚的兴趣和追求，互联网的内容涵盖了社会生活的方方面面，它把青年带出了封闭的象牙塔，向他们展示了一个自由、开放的新世界。互联网的出现则很好地解决了这一问题，网上信息资源比图书馆多得多，且可以资源共享，学生不仅可以很方便地查找到自己专业方面的有关资料，还可以了解国际国内社会的最新动态及人们普遍关心的热点难点问题。

3. 互联网使思想政治教育的内容更充实，更具吸引力

今天互联网大大缓解了以往思想政治教育中经常遇到信息沟通渠道不畅这一难题，从而为思想政治教育提供了源源不断、丰富而"鲜活"的教育资源。其一，互联网使教育内容的形态从平面性走向立体化，从静态变为动态，从现实时空趋向超时空；其二，互联网的超大信息量和信息的固有本质，使教育内容变得丰富而全面，并且具有客观性和可选择性；其三，具有极高的文化与科技含量，可以使教育内容的政治性本质隐含在历史文化知识和现代科技信息之中。

4. 互联网为思想政治教育方法和手段的创新提供了条件

思想政治教育是极具个性化色彩的"因材施教"的教育，互联网信息的高度个性化和互联网知识来源多元化的特点，则为网上的思想政治教育提供了一个极具个性化的教育环境。它既可使教育者针对每个学生的个性特点进行因材施教，又可以使教育者与受教育者形成协同互动的学习模式，教育者和学生在教育过程中平等、民主、自然地交流与讨论，有助于更好地发挥思想政治教育过程中的自我教育和互相教育的作用。互联网使思想政治教育手段更丰富，方法更多样。随着互联网的快速发展，当今以计算机、多媒体、虚拟现实激光技术为手段，以图、文、声、像等表达教育内容，增加了教育信息的含量，思想政治教育的感染力和吸引力将大大增强。互联网给思想政治教育注入的活力体现在：一是形象，二是生动，三是逼真。计算机模拟现实，使人如身临其境，得到切身体验，使事与理、情与法、形与声、形与神等有机地交融在一起，它克服了单一的感官感知的教育方祛，用色彩艳丽的图片、悦耳的音响、活泼的三维动画及其他多媒体仿真画面，组合成一种全新的教育方式。

5. 互联网扩大了思想政治教育的活动空间和覆盖面

互联网具有资源共享的特点，网上的信息人人都可获得、拥有。与政府机关、家庭以及其他社会组织之间，都可以通过互联网实现资源共享；不同领域、不同地域的思想政治教育组织，也既可通过互联网共享思想教育资源，又可以在网上展开讨论和交流。这使得原先相对狭小的教育空间，变成了全社会、开放性的教育空间，进一步拓宽了思想政治教育者与青年，以及与社会的交流渠道，大大缓解了以往思想政治教育中经常遇到的信息沟通渠道不畅这一难题。互联网为思想政治教育打开新局面提供了新载体。互联网的跨时空特点，改变了过去思想政治教育主要依靠课堂、讲座、谈话、讨论、报告等方式开展教育的传统做法，使思想政治教育突破了时空的局限，扩大了思想政治教育的覆盖面。互联网使思想政治教育的时空大为扩展、吸引力大为增强。思想政治教育的对象恰恰是人，这就意味着，思想政治教育应该而且可能在互联网中占有市场，使互联网成为现代思想政治教育的新平台，从而在一定意义上突破了传统思想政治教育影响面较小的弱点。

（二）互联网技术的运用有利于促进思想政治教育的"三化"

1. 互联网技术的运用有利于促进思想政治教育的高效化

传统意义上的思想政治教育认为思想政治教育者是思想政治教育的主体，思想政治教育者，这是思想政治教育活动的主体，是由一批具有较高思想政治品德素质和科学文化知识素养以及工作经验的人员组成的。受教育者则是客体，因此，受教育者的主观能动性，仅仅在接受思想政治教育影响的范围内和方向上发挥作用，主要是教育者对受教育者的单向作用。这种观点的典型表现是单向灌输模式，其工作方式往往是不分对象，一刀切、一锅煮、一律化，要教育对象"老实听话"、机械模仿。而在互联网中实施思想政治教育，这种情况发生了根本改变。教育主体完成了其时代角色的转变，由主体半主体化、主体非主体化再到三者并立而不悖；在互联网中进行思想政治教育，过去被认为是高高在上实行思想灌输的思想权威不再只是教育主体，更重要的是他们还制造、传播和监控互联网信息，兼有信息传播者和思想政治教育的双重身份，从而导致主体半主体化。从另外一个角度来说，互联网上信息的制造、传播者是具有高新技术和广博知识的人群，具有不确定身份，并不只是思想灌输的权威，他们和教育客体的地位是相等的，不是上级与下级、控制与被控制的关系，发表在BBS（电子公告）上的思想也并不是"说服"，而是"影响""引导""启发"，于是，主体非主体化了。事实上，互联网无形地分割了思想政治教育"权"，导致新时期思想政治教育的潜在自发整合，也给思想政治教育的国际接轨、思想政治教育的文化碰撞等提供了丰富的资源。通过互联网进行思想政治教育，由学习者自己操纵计算机浏览组织者提供的学习软件，本质上是变被动学习为主动学习、变"说教"为自由浏览，学习方式由过去的一方念一方听的"听觉二维"变成自己有选择地看的"视觉三维"，学习内容由过去的一个层次的文件变成多层次的大量文章、图文并茂的各种资料，使各层次的受教育者在同一时间里都有适合自己的内容选择；另外，在大量的学习资料之间，再穿插大量生动健康的娱乐内容，使受教育者在十分放松的心情下，自由地、松弛有度地选择浏览对象，在主动的探索、寻找新的视觉内容的过程中，潜移默化地接受社会所要求的思想政治品德规范，从而大大增强了教育的高效化。

2. 互联网技术的运用有利于促进思想政治教育的民主化

在传统思想政治教育中，教育主体往往处于一种信息优势和经验优势地位，具有了这些优势，再加上其他因素的作用，教育主体容易树立起威信。在思想政治教育中的具体方式上就体现为"我说你听，我打你通"。在这种方式下，没有受教育者在表达思想上的自主性，犹如没有平等一样，也难于实现思想政治教育的民主化。而在互联网条件下，教育主体的信息优势、经验优势至少是部分丧失，在受教育者面前不能再以权威者自居，而是与受教育者平等交流，增强了受教育者的自主性，而这种自主性正是保证思想政治教育民主化的前提条件。

3.互联网信息技术的应用有利于促进思想政治教育的社会化

传统的思想政治教育始终是围绕学校、家庭、社区及所处的社交圈进行，具有明显的地域性特征，学生所接受的信息主要来源于教育者及其周围各种环境，传统的校园文化对学生的成长起着重要的影响。而互联网客观上构成了影响青年思想的环境之一，极大地开拓了思想政治教育的空间：一方面，互联网拆掉了学校与社会之间的围墙，使思想政治教育的空间由课内延伸到课外、由校内延伸到校外、由国内延伸到国外，教育者"一言堂"的教育方式被信息高速公路所形成的丰富的互联网信息资源所取代，学生可以迅速地了解外部世界所发生的政治、经济、文化生活等各方面的信息；另一方面，互联网丰富的信息和跨时空的交流与协作功能，越来越把一个单位、一个系统、一个区域乃至全世界联成一体，为社会各界积极参与思想政治教育提供了便利条件和机会，不仅能使全世界的学校、研究所、图书馆和其他各种信息资源联结起来，成为一个巨大的信息库；而且优秀的教育者或专家以及每一个关心青年的人都可以在不同的地点对青年提供思想的引导和帮助，从而有助于青年在一个比以往更加广阔的社会环境中学习和积累社会知识，顺利地完成个人的社会化。

二、互联网对思想政治教育提出的挑战

互联网作为第四媒体的特有传播方式，在给思想政治教育带来积极影响的同时，也对其提出了诸多挑战。思想政治教育面临前所未有的挑战，集中体现在舆论导向、工作主体、工作对象及工作方法几个方面。

（一）互联网环境下思想政治教育面临的挑战

1.互联网对思想政治教育者提出的挑战

（1）互联网对思想政治教育者的传统权威地位提出的挑战

在传统的思想政治教育过程中，教育主体一直扮演着权威者的角色，是教育过程的组织者和实施者，具有确定教育内容、选择教育方法和手段的决定权，对学生有目的地施加影响，将其思想品德向正确的方向引导，学生则处于被动接受的地位。互联网发展所形成的新的教育环境使教育者的权威地位受到了挑战。一方面，互联网的发展对教育的权威资源进行了重新分配，教育者不再是主要的信息源，学生通过上网可以方便快捷地查到各种公开或内部、真的或假的信息，且这些信息来源广泛传播及时，图文并茂，同时伴有大量的背景材料和专家评价。这就使得教育主体传统的信息权威逐渐失落。另一方面，互联网的互动性使青年的主体性得到充分的彰显，师生之间亦生

亦师，形成一种民主、平等的新型教育关系；同时互联网的发展也促进了青年活动的非群体化和个性化。这样，许多青年不再轻易接受思想政治教育者的灌输。因此，从一定意义上说，在互联网时代，思想政治教育者将不再是决定青年学生思想政治素质变化的主要因素。

（2）互联网对思想政治教育者的知识结构和人格素质提出更高要求

以知识经济、信息技术为主要特征的互联网时代要求思想政治教育者必须具备更加良好、合理的知识结构。首先，要求思想政治教育者具有一定的计算机运用知识、互联网知识和英语知识，以便于通过互联网开展思想政治教育。其次，广大青年学生受过良好教育，在互联网时代有着广泛的信息来源渠道，加之互联网信息的双重作用，对广青年的思想行为产生多方负面影响，增加了思想政治教育的复杂性和难度。因此，要求思想政治教育者必须具备更为广博的知识，如一定的心理学、管理学、伦理学、社会学、统计学、新闻学、传播学甚至系统论、控制论等方面的知识。没有渊博的知识就无法与拥有丰富信息来源的工作对象进行交流，无法做好新形势下的思想政治教育。互联网给思想政治教育带来了全新工作环境，要求思想政治教育者以实事求是、与时俱进的精神，积极探索互联网环境下思想政治教育的新规律，大胆地对工作方法进行创新。

2. 互联网对思想政治教育对象产生着不容忽视的消极影响

互联网为人们获取各方面信息提供了前所未有的广阔渠道，但是，"互联网是开放的，信息庞杂多样，既有大量进步、健康、有益的信息，也有不少反动、迷信、黄色的内容。"它对人的思想与行为产生何种影响，取决于人们如何利用它。部分青年对互联网使用不当，因此不可避免地产生了一系列不容忽视的问题。

3. 互联网给西方意识形态的渗透提供了新的途径，对思想政治教育内容造成一定冲击

计算机互联网将全世界各个国家联系起来，不同的文化形态、思想观念在互联网上或交融或冲突。在这种情况下，全球互联网化的过程更像是一种美国文化的全球化过程，或者说是一种以美国文化为代表的英语文化的殖民化过程。语言是文化的载体，文化的冲突从某种意义上讲也是语言的冲突。西方国家借助互联网进行的意识形态传播和扩张，对我国青年的思想意识必然产生强烈的冲击，使思想政治教育面临着前所未有的文化压力，对青年思想政治教育的内容提出严峻的挑战，这是我们不得不正视的一个客观事实。

4. 互联网对思想政治教育的方式和手段提出了挑战

应该说，运用课堂教学、开会、个别谈心、社会实践、校园文化等方式

进行思想政治教育，曾经取得过较好的效果，今天思想政治教育仍在运用这些方式和手段，这些方式的针对性较强，反馈也及时，有一定的优越性。但我们也要看到，在今天这样一个极其开放、信息极其丰富的社会中，开会、谈心等传统的思想政治教育方式向青年所传达的教育信息及其作用的对象数量都受到很大影响，再加上部分教育者对这些方式形式主义的运用，使得这些方式在青年中已经没有多大市场，需要对之进行调整，需要运用包括互联网在内的新的方式对青年进行思想政治教育，将传统的思想教育方法现代化。

5. 互联网对思想政治教育舆论导向提出的挑战

对于任何一个社会或国家来说，成功的意识形态不仅能够发挥让人们认同现行制度的功能，起到维护社会与国家稳定的作用，而且还能够作为一种准则帮助人们在现实社会生活中做出正确的价值判断。可以说，信息全球化改变了传统社会舆论导向的控制权牢牢掌握在党和政府及思想政治教育者手中的局面。美国作为目前世界上唯一的超级大国和信息霸权国，在推行其价值观方面具有很强的影响力。在当前的国际互联网信息中，50%以上的网上信息和95%以上的服务信息由美国提供，而我国在整个互联网的信息输人和输出流量中，仅仅占到0.1%和0.05%。美国在设计全球化进程时，它所考虑的根本出发点是从其国家自身利益出发，来安排全球化的方向与节奏。各种反社会主义、反马克思主义的论调在互联网上粉墨登场，无形中削弱了社会主义意识形态的控制力，对思想政治教育造成不可低估的负面影响。

6. 互联网的不可控性使思想政治教育的环境更为复杂化

传统的教育是在一个相对封闭和独立的环境中进行的，社会上各种不健康的因素对学生的影响有限，因而正面教育就起着主导作用。而互联网打破了这种相对封闭的环境，它不仅是一个信息宝库，也是一个垃圾场，在无边无际的互联网上，各种思潮泥沙俱下，各种理念交织在一起，各种传闻畅通无阻，各种流言来去无踪，互联网极大地增加了信息的开放程度，在一定程度上导致了信息的不可控制，学生接触各种不健康信息的机会无限增大，每一个人在接受互联网信息的同时，可以在世界范围内自由地发表自己的想法，向社会中的不固定对象"播放""分散"自己的言论；同时，随着对互联网信息的获取量逐渐增大，学生对不同倾向的思想意识的接触频率也越来越大，使得学生面临的教育环境不在单纯，而是比以往更为复杂。可以这样说，由于信息互联网化的发展，已经形成了一个新的思想文化阵地和思想政治斗争阵地。事实正是这样，目前，"暴力游戏、沉溺聊天、淫秽色情"三大互联网公害日趋严重。

（二）综合以上分析，互联网使思想政治教育的消极影响主要体现在以下方面

1.互联网的发展使思想政治教育的可控性减弱

传统的学生思想政治教育主要是通过宣讲、个别谈心以及报纸、广播、电视等大众媒体来进行，这些方式的一个重要特点是可控性。教育者可经过精心筛选，有意识地选择合适的教育材料向教育对象集中地、持续地、高强度地传播含有特定内容的信息，促进教育对象的思想、行为发生转变。然而，互联网的迅速发展，使信息的传播逐步脱离了国家、政府、学校、教育者、家长等权威的控制，导致互联网上的信息非常广泛庞杂，其内容与教育者所灌输的思想内容可能不同，甚至截然相反，不免引起他们思想上的疑惑甚至混乱。大多数人都通过各自的代号而非自己的真实姓名上网，教育者无法知道究竟是谁在发表意见，自然无法有针对性地开展工作，从而使思想政治教育的可控性大大减弱。加之教育对象网上信息选择的自主性，教育过程很难完全按照教育者设计的步骤展开，这就使得学生思想政治教育的过程趋于复杂化。

2.互联网信息泛滥和信息的不可控性使思想政治教育趋向复杂化

长期以来，党和国家一直牢牢控制着报刊、广播和电视等传统媒体，从而使舆论导向权始终掌握在自己的手中。然而互联网的快速发展却打破了原有的完全控制局面，使舆论导向在某些方面出现一定程度的真空和失控。这主要因为我们目前正处于社会转型时期，对互联网这个新生事物缺少充分全面的了解和把握，因而在管理上存在不少缺陷和不足，常常陷入被动之中。另外从技术角度看，互联网功能的独特性乃是造成舆论导向在一定程度上失控的直接原因。与传统媒体不同，互联网大大增强了个人和组织发布、交流和吸收信息的能力。当前由于国内外种种因素的交织作用，这种信息的交换和共享具有很大的复杂性和不确定性，这也给思想政治教育带来了一定的困难。

3.互联网文化及其产品转化加大了思想政治教育运作的难度

如前所述，互联网文化是一种依附于计算机互联网和多媒体技术的现代层面上的文化，本身是具有一定思想内涵的。从目前的情况看，就总体而言占主导地位的互联网文化基本上是以西方的意识形态和价值观念为出发点的，对思想政治教育的目标是一个很大的冲击。如果长时间受到互联网文化中西方意识形态的影响，受教育者很可能形成与思想政治教育目标相背离的精神状态，对思想政治教育内容的认可度将会降低，从而加大思想政治教育运作的难度。另外，互联网文化传播与文化产品流通的联系日益密切。由于我国文化产业部门与管理部门之间的关系还不规范，条块分割现象比较普遍。文

化管理部门只能是依靠突击检查等方式来查禁非法文化制品，很难深入到文化产业部门中，进行实际的监督和管理。因而与计算机互联网技术紧密相关的非法文化制品数量大为增加，流通范围正不断扩大。这都给思想政治教育的运作带来了更大的困难。

总之，互联网对思想政治教育形成的挑战互联网是一柄"双刃剑"，在其最大限度地为人类生存、学习、工作、生活及娱乐服务的同时，也对思想政治教育带来了新的挑战。

第三节 大学生思想政治教育网络载体的类型及其整合优化

随着网络技术的发展，多媒体信息技术迅速扩展到全球，并使人们的生活和工作发生着很大的变化。近几年大学生在网民中占据着很大的比例，针对这一现象，一些学者开始研究网络思想政治教育，而且各高校建立了思想政治教育网络载体，并取得了不错的成绩，促进了思想政治教育事业的发展。但总的说来，网络思想政治教育网络载体的建设处于萌芽阶段，还有很多不足的地方。因此，必须加快大学生网络思想政治教育载体的优化整合、提高思想政治教育工作的实效性。

一、大学生网络思想政治教育的主要载体及其价值

网络载体作为大学生思想政治教育的新贵，凭借其灵活多样、方便快捷、即时互动等特点，便于教育者开展思想政治教育，促进思想政治教育事业的发展。网络思想政治教育网络载体主要有博客、即时通信软件和高校 BBS 平台等。这些载体在思想政治教育中扮演着很重要的角色。

（一）博客在网络思想政治教育中的运用及其价值

运用博客开展思想政治教育，教育者利用这个先进的技术手段，与受教者相互交流、沟通，不仅可以提高教育者自身的能力，从而更好地开展思想政治教育，而且还有助于大学生思想政治素质的提高。博客在网络思想政治教育中的功能主要体现在以下几方面：

1.博客具有传播信息的功能

它可以把最有用的信息传达到需要获得信息的人们的手中。思想政治教育工作者借助于博客的传播功能，在博客上发表与本学科有关的信息，并与学生们进行交流与研习。给予学生一个表达、争论和深思的空间，并对学习

者疑惑的地方给予正确的指导和解答。学生可以从不同的角度来理解和思考如何提升自身能力，在与教师的学习与交流中不断来提高自身的思想政治素质。

2. 博客具有储存信息的功能

教育者可以将生活中的体会、经验以及教学信息储存在博客中。便于博主日后的修改和发表。此外，博主可以利用博客收藏他人和自己的作品，在增进博主知识与能力积累的同时，也便于自己和他人阅读与研习。

3. 博客具有交流沟通的功能

正是由于此功能，才保证了博客以最大的限度地调动了所有交流者的积极性，进而提高了思想政治教育教学效率。阅读者还可以通过博客的此功能与其他人进行探讨与研习，相互解答各自的疑难问题。

（二）即时通信软件在大学生网络思想政治教育中的运用及其价值

运用即时通信软件开展思想政治教育，已经是教育者开展思想政治教育的重要途径，教育者通过即时通信软件，可以"面对面"地与受教者进行交流、沟通，这样一来既可以避免直接面对面进行思想政治教育的严肃气氛，又巧妙地加强了与学生之间的联系，达到了思想政治教育的目标和效果。即时通信软件在思想政治教育中的功能主要体现在以下几方面：

1. QQ 的运用及其价值

目前，腾讯 QQ 用户人数众多，是被广泛使用的即时通信软件。即时通信是大学生日常交流、学习的重要途径之一，在此背景下，高校思想政治教育者利用腾讯 QQ 开展大学生思想政治教育不仅可行而且很有必要。一是利用 QQ 一对一交流和 QQ 群交流的优势来拉近师生之间的距离，有利于学生敞开心扉、畅所欲言。二是教育者可利用 QQ 群就社会热点话题及大学生关注的话题发起讨论，促进师生之间及生生之间产生思想上的碰撞。三是教育者可以通过 QQ 交流有针对性地开展大学生思想政治教育工作，牢牢抓住大学生群体的思想状态并加深大学生对问题本质的认识。

2. 微信的运用及其价值

微信以功能强大、资费低廉、平台较低的三大绝对优势，自 2011 年诞生就以星星之火燎原之势迅速发展，截至 2014 年底，微信注册用户突破 5 亿，其中敢于尝试新鲜事物的大学生是使用微信的主要群体。因此，高校思想政治教育者应紧跟时代步伐，利用微信来与学生进行交流与沟通，即时了解和把握学生的思想动态。一是教育者利用微信更为私密和灵活的"朋友圈"准确地把握大学生的思想动态以及成长中的烦恼，进而可以有效地对大学生进行思想政治教育。二是高校可以创建校园微信公众号，拓宽教师与学生之间沟通的渠道。而且校园公众号可以针对性地解答学生的疑惑，以此更好地开展大学生思想政治教育。三是目前许多高校紧跟网络时代的浪潮，建立了校园微信公众号，公众号内容丰富、形式多样，主要有高校要闻、时事新闻、考研资讯、人生感悟等内容，使学生能够在充满正能量的氛围中学习和生活。

（三）高校 BBS 平台在大学生思想政治教育中的运用及其价值

以往对学生进行思想政治教育所选的内容非常单调，层次较浅，不能进一步挖掘更深层次的内容，不能及时关注生活中最前沿的思想动态，这样就会导致教育的内容不能与时俱进。高校 BBS 平台的建立拓宽了高校思想政治教育方式，突破了思想政治教育的时空限制。高校 BBS 平台在大学生思想政治教育中的功能主要体现在以下几方面：

一是以往的思想政治教育的形式，主要依赖于课堂，进行思想政治教育的方法比较单一。现在设立了校园 BBS 平台，便可以在论坛上，比较方便的开展思想政治教育。网络涵盖着大量的内容，可以说应有尽有，在这大量的信息中就有适合开展思想政治教育方面的内容。二是校园 BBS 的设立可以及时掌握学生思想变化的一点一滴，便于把学生的一些思想上的问题解决在初始状态。网络无边界的特征，便于学生之间的合作、经验的交流等，可以提升学生的学习能力和分析能力，这种及时的互动也加快了思想政治教育内容的传播。三是在校园的 BBS 论坛上进行思想政治教育，就可以利用先进的科技手段，使整个思想政治教育方式和方法呈现出更加的多样化。而且将思想政治教育方面的书籍、影视作品等上传到校园 BBS 平台上，可以对学生的思想政治教育起到一种潜移默化、耳濡目染的效果。

二、目前大学生思想政治教育网络载体运用存在的不足

网络载体作为一种新兴的思想政治教育载体，经过一段时间的发展，已经取得了不俗的成绩，但网络可谓是一把双刃剑，合理的利用可促进思想政治教育事业的发展，无节制的滥用网络会使思想政治教育工作事倍功半。

（一）网络环境中对思想政治教育网络载体中的不良信息管理不足

互联网是开放的，信息庞杂多样，不仅有积极、健康、有益的信息，也夹杂着反动、迷信、色情的内容。一方面，互联网出现以后，网络成为西方资产阶级的政治工具，其意识形态占据着主导地位，对外输出的大量信息中，包含着一些政治观点和文化理念。大学生在好奇心的驱使下容易被新鲜的网络信息所吸引，易导致青年大学生不能辨别信息的好坏，从而会受到被西方

资产阶级所宣扬的价值观的影响。致使大学生盲目崇拜西方资本主义的政治制度；具有以自我为中心的观念；少数大学生形成不正确的人生观。可见，如果缺乏正确的引导，大学生极易被西方反动势力所利用。另一方面，由于互联网的开放性，致使互联网上充斥着各种色情、暴力等不良信息，并有愈演愈烈的趋势。大学生生理、心理尚未成熟，如果不能进行及时的引导，会导致大学生走上犯罪的道路。目前，在我国已有多名大学生因涉嫌网络色情而入狱。青年大学生由于心理上不够成熟，认知能力、判断能力、自我约束能力比较差，同时青年大学生正处于健康成长的关键时期，如果长期接触不良信息容易导致道德失衡、人格不健全。

（二）教育主体对高校思想政治教育网络载体的运用能力较差

思想政治教育主体，是指根据一定社会或阶级的要求，对思想政治教育对象的思想品德施加教育影响的个体或群体。在网络思想政治教育中，思想政治教育工作者就是教育的主体。随着网络与思想政治教育的融合，在很大程度上使大学生思想政治教育方法得到创新，但与此同时也出现了一些问题。一是一些思想政治教育工作者受传统教学方式的约束，不能熟练地使用网络工具，这就使得他们在开展思想政治教育工作时显得捉襟见肘，不能提高教学效率。二是教师与大学生在沟通中存在着一些阻碍。这是因为青年大学生是互联网的主要使用群体，他们在网络空间中，以个性鲜明、比较潮的话语进行信息的交流传播，逐渐形成了独具一格的网络语言。而高校思想政治教育工作者很少使用这些网络语言，因此，他们不能和学生进行直接、平等的交流，这就使教师不能及时把握学生的思想动态。

（三）大学生对高校思想政治教育网络载体的抗干扰能力较弱

青年大学生作为思想政治教育客体，是成长的关键时期，他们的心理、生理正处于发育期，在这个过程中大学生对高校思想政治教育网络载体的抗干扰能力较弱。一是面对良莠不齐的网络信息，许多青年大学生辨别真伪善恶的能力较低，不能抵挡住网络中不良信息的诱惑，会导致思想政治教育无法达到预期的目标。二是大学生在运用网络学习思想政治教育时，由于好奇心的驱使，他们的所关注的方向会发生偏移，会被一些网络游戏以及不良的网络信息所吸引，从而痴迷于网络，无法自拔。2008 年 4 月 6 日，首届中美精神卫生管理高峰论坛在京召开，一项调查显示，近两成的大学生存在不同程度的心理问题，其中 4% 至 13% 的大学生患有网络成瘾症。目前许多大学生深深地被网络游戏所吸引，过分依赖网络，离开网络就不知道应做什么。这些问题影响了大学生的健康成长。三是大学生的心理也会受到负面影响，这会导致他们的心理道德品质发生扭曲，与我们培养有朝气、有活力、充满正能量的大学生的育人目标背道而驰。

（四）高校对大学生网络思想政治教育的网站建设滞后

随着科学技术的快速发展和高校对思想政治教育工作的高度重视，目前高校思想政治教育工作网站的建设取得了骄人的成绩，但是也存在着一些不足。一是思想政治工作网站的建设与快速发展的互联网不同步，不能达到思想政治教育的预期目标，思想政治教育网络载体运行的效果并不理想。二是我国高校中以思想政治教育为主要内容的网站寥若晨星，各高校思想政治教育网站之间的联系十分松散，资源也很分散，没有形成整体趋势。一般情况下，各高校网站各行其是，彼此之间缺乏交流与合作。三是绝大多数思想政治教育网站的节目缺少统一的规划和组织，节目内容枯燥无味，而且又缺少与时俱进的内容，很难吸引大学生的眼球；与此同时，高校对思想政治教育的网站又缺乏宣传力度，没有在全校进行一个全面的宣传和推广，导致思想政治教育网站失去了针对性和实效性。

三、大学生思想政治教育网络载体优化整合的有效措施

为了能够使网络载体在大学生思想政治教育工作中充分发挥优势，高校必须采取措施对网络载体进行优化整合，不断完善思想政治教育网络载体运行机制，提升教育主体运用网络载体的能力，加快思想政治教育网站的建设，从而使大学生在良好的气氛下进行学习与交流，进一步提高教学效率。

（一）确立高校思想政治教育网络载体运行机制

为了保证网络载体能够促进思想政治教育事业的发展，要进一建立并完善高校思想政治教育网络载体的运行机制。一是提高网络管理者的责任意识，确保每一位管理者都能够尽职尽责共同维护和谐的健康的网络环境，从而使网络载体更好地服务于思想政治教育。二是加强管理者与参与者之间的交流与沟通。通过交流，便于管理者及时、全面地获得建议和意见，并在第一时间做出反馈，这样可以进一步提高和改进思想政治教育工作，提高管理水平。三是加强对网络载体的监控。为了防止大学生受到不良信息的影响，要及时对学校网络中的各种信息进行筛选，删除不良信息，避免对大学生产生消极影响。

（二）提升教育主体运用思想政治教育网络载体的能力

"师者，所以传道授业解惑也。"教育是开启人的心智，改造人类灵魂的

工作。一个教育者决不能"以其昏昏,使人昭昭"。常言说得好,要给学生一杯水,教育者必须先有一桶水。因此在教学中,思想政治教育主体要熟练地使用网络工具:一是掌握利用网络和多媒体教学的技术,在课上,教师应善于在网上找一些学习资料和时事新闻,帮助学生理解和巩固所学知识,进而提高教学效率。二是熟练地使用软件,能够在课余生活中及时了解和把握学生的思想动态,为学生解答生活中的一些疑惑,保证学生的健康成长。三是大学生为了能够更加方便进行网络交流,他们突发奇想创造出具有特色的网络语言,这种表述方式凭借其简单、幽默等特点在网络和现实生活中不胫而走。由于教育主体不能熟练地使用这些网络语言,从而导致不能和教育客体进行直接的、平等的交流。高校思想政治教育工作者要想使思想政治教育达到预期的目标,必须与时俱进,主动学习具有特色的网络语言,从而可以与学生更好地交流,这样不仅提高了教育者的积极性,也提升了学生学习的主动性。

(三)提高大学生运用思想政治教育网络载体的素质

充满正能量的理想可以推动大学生的健康成长。在对大学生进行思想政治教育时,还要引导大学生树立坚定的理想,避免受到网络不良信息的影响。首先,要以马克思主义理论为指导,而且要充分发挥互联网的优势,将马克思主义理论灌输到大学生的头脑中,提高大学生明辨是非的能力,避免种种困惑和盲从。其次,要紧密结合大学生的思想实际。关注大学生关心的社会热点问题,有针对性地进行释疑解惑。使大学生的理想融入到国家的根本利益之中,使大学生的理想与建设中国特色社会主义现代化建设相融合。最后,大学生必须在网络中遵守相关的法律法规,文明上网,做一名"中国好网民",不能在网络上发表一些不健康或是不属实的谣言给社会造成不好的影响,一定要在思想政治教育网络载体的建设中发挥应有的作用,传递出更多的正能量。

(四)完善思想政治教育网站和新载体的建设

思想政治教育网站要更好地服务于当代的大学生,就要敢于创新,与时俱进,站在科学技术发展的前沿,打破以往各自为政、相对分散的局面,各高校在网站主页互设网站链接,从而使各高校的资源能够充分的为大学生所使用。一方面,思想政治教育网站的内容要有特色、有内涵、有目标,要体现大学生思想政治教育的系统性和规范性,不能像以前一样枯燥无味、单一片面,丰富了思想政治教育网站的内容之后,思想政治教育网站才会受到更多人的关注,才能赢得更多的点击量,使网站永葆生机,持久不衰。另一方面,还要完善思想政治教育新载体的建设,使思想政治教育更好地与博客、即时通信软件、BBS 平台相结合，而且新载体与传统载体要优势互补，实现有机融合，充分发挥新载体在思想政治教育工作中的优势，进而有效地开展思想政治教育。

第四节 互联网语境下大学生思想政治教育实效性探究

大学生思想政治教育实效性是指高校依据大学生思想政治教育工作的目标、内容、载体的要求，结合大学生心理、生理特点，对其开展思想政治教育活动所达到的真实有效的程度。大学生在大学阶段接受的思想政治教育作为一项基础性教育，其所能达到的真实有效程度对于大学生"三观"形成具有重要指引意义。《国家中长期教育改革和发展规划纲要（2010—2020 年）》中指出："必须把教育信息化纳入国家信息化发展整体战略，促进教育内容、教学手段和方法现代化。"习近平总书记在全国高校思想政治工作会议上强调："要进一步办好高校网络思想政治教育工作，推动思政工作与信息技术高度融合。"伴随着互联网时代的到来，高校大学生思想政治教育也出现了新情况，对高校开展各类教育活动的实际效果产生了不同程度的影响。如何积极认知和应对这些影响，是高校开展大学生思想政治教育工作的重要命题。

一、互联网视域下高校学生思想政治教育面临的机遇

（一）方便师生即时沟通交流

移动互联网技术的迅速发展和广泛普及，使得人们不再仅仅依靠传统的电话、短信等方式进行语音、文字沟通，而依托更加便捷的手机微信、社交媒体进行互动交流。对于高校学生而言，可以借助移动设备（如笔者所在学校使用的蓝墨云班课）与老师进行课堂内外、线上线下的即时交流，也可利用微信语音、视频功能对于教学内容、教学方式的想法、建议与老师及时反馈。通过这些方式，有效突破第一课堂的空间限制，进一步拉近师生之间的认知距离，使得师生之间的交流变得更加顺畅便捷。

（二）提供学生个性化学习空间

基于移动互联网技术便捷高效的独特优势，学生可以通过网络获取更加快捷、更加多样性的知识和信息。这些知识和信息可以跟课堂教学、书本知识形成对照，在一定程度上可弥补高校大学生思想政治教育理论教材编写相

对滞后的不足。同时，学生的学习空间得到大力扩展，有利于推进大学生学习由课堂听讲、教师督促的被动学习方式向课堂听讲与网络学习结合、教师督促与自主学习结合的方向转换，不断提升学生学习的主动性。

（三）提升思想政治教育自主内构能力

高校思想政治教育与大学生群体偏好和心理需求有效吻合，是提升思想政治教育效果的重要保证。将移动互联网技术引入高校大学生思想政治教育工作中，可以有效地引导学生就自身感兴趣的教育话题发表看法、咨询问题、探讨互动、分享心得，使便捷高效的知识获取渠道与即时互动的自主学习方式有机结合，提升大学生思想政治教育内容的自我内构能力，不断增强学生思想政治教育工作的感染力和亲和力。

二、互联网视域下高校学生思想政治教育面临的挑战

（一）互联网的虚拟性消弭学生精神空间

互联网技术的迅速发展，使得充斥于网络的各类信息呈几何级数增长，这一趋势在满足大学生快速获取信息的同时，也在一定程度上加重了网络空间的虚拟性。从现实来看，出生于 1995 年后的这一代相较于 1995 年前出生的"90 后"更加依赖移动互联网，相当一部分学生将大量精力、时间花费在网络游戏、视频等虚拟世界，以至于与现实生活日益疏离，颓废大学生的精神世界，久而久之，就会影响大学生的人际关系和沟通交流，进而产生沟通交流、人格心理等深层次方面的消极影响。

（二）互联网的开放性加大思政教育难度

互联网时代的信息具有开放性，因此，网络信息传播几乎是没有时空障碍的，无论是信息的发布还是获取，相对于传统媒介而言更加快速容易。这就容易使得部分未经权威认定或是被断章取义的大量信息在网络空间迅速扩散，这对于涉世未深而又长期依赖网络获取信息的高校大学生而言是有较大危害的。由于获取信息内容的不确定性、信息获取途径的难以控制性，也使得高校开展对大学生核心价值和理想信念教育的过程中，教育效果会大打折扣，从而增加了高校大学生思想政治教育的难度。

（三）互联网的多样性威胁意识形态领域安全

在互联网快速发展的过程中，各种信息鱼龙混杂、混淆视听，也会在一定程度上带来意识形态领域的安全问题。特别是西方世界依靠在互联网领域

的技术优势，传播大量具有明显政治倾向的网络话语体系和文化霸权思维，造成"思想政治教育者的主体权威面临结构之危，非主流舆论谋求上位之险。"高校大学生获取信息的渠道越来越丰富，其受到多元化价值观念不良冲击的可能性就越高。这些不良信息严重腐蚀着大学生的思想观念与价值体系，进而对于高校思想政治工作和意识形态工作产生不利影响。

三、互联网视域下提升大学生思想政治教育实效性的路径选择

（一）提高认识，牢记大学生网络思想政治教育使命

习近平总书记在全国高校思想政治工作会议上强调指出："思想政治工作从根本上说是做人的工作，必须围绕学生、关照学生、服务学生。"这是高校在新形势下做好大学生思想政治教育工作的重要指引。就当前大学生思想政治教育工作而言，应在认真学习、深刻领会习近平总书记讲话精神的基础上，不断提高认识，自觉用讲话精神指导大学生思想政治教育工作。具体表现在两个方面。

一是深化对大学生思想政治教育工作目标的认知。互联网视域下开展大学生思想政治教育虽然在方法载体、观念思路等方面与传统教育的侧重点有所不同，但思想政治教育工作的内在属性和本质要求并没有也不应该有所改变。要坚持以生为本、立德树人理念，在此基础上，积极推动大学生思想政治教育工作和互联网技术的深度融合，主动转换表达方式和叙事方式，在网络空间唱响思想政治教育主旋律，传播思想政治教育好故事，将思想政治教育工作联网上线，发挥网络育人的积极作用，进而开启大学生思想政治教育工作的新方法、新载体、新模式。

二是提升思想政治教育教育工作者的网络素养。高校思想政治教育工作者网络素养的高低会对大学生思想政治教育的实效性产生直接影响，"它直接关系到网络思想政治教育工作能否顺利有效、高质量地开展。"这里所指的思想政治教育工作者主要包括思想政治理论课专业教师和辅导员两支队伍。他们也是开展高校大学生网络思想政治教育工作的主力军和关键人。对于思想政治理论课专业教师而言，可通过定期开展工作沙龙、专家论坛等方式，聘请思想政治理论功底深厚、教育教学经验丰富、话语表达深受欢迎、叙事方式契合学生诉求、网络媒介技术扎实的专家学者现身说法、案例教学，分享开展网络思想政治教育的心得体会、经验看法，提升高校思想政治理论课专业教师在信息更迭、技术更新的背景下的网络媒介综合素养。对于辅导员而言，应将网络素养纳入到辅导员职业能力标准体系，大力加强辅导员队伍的

职业网络能力建设，科学搭建辅导员网络素养能力提升专业化工作平台。在不断强化高校思政工作大格局下，辅导员业务能力和网络素养的融合发展，引导辅导员队伍更新网络学生管理工作新观念，形成与专业教师队伍教书育人的服务合力。

（二）完善机制，提升学生网络思想政治教育保障力

一是建立部门协同联动机制。在互联网技术迅猛发展的情境下，"以往通过国家政府、高校制度规范赋予思想政治教育工作者的话语权已大大削弱。"高校对此应予以高度关注，积极做好顶层设计，协调各部门发挥协同联动作用。具体而言包括以下层面：高校党委积极落实第一责任人的任务，下设专项工作委员会，作为学校统筹各方的最高部门。学生处、招就处、团委等学工部门组织好学生干部特别是学生党员干部，引导其发挥模范带头作用，协助辅导员、班主任和专业教师做好大学生网络思想政治教育辅助工作，如党员理想信念教育网络内容筛选、话题甄别、表达方式转换等，引导网络志愿者和班级信息员积极参与到校园网络安全监控、网络论坛舆论表达及理性发声等工作。教务处等教学管理部门通过出台制度文件、挖掘人物典型、开展教学比赛等方式，积极营造专业教师尤其是思想政治理论课教师课堂教学与网络教学有机融合、专业知识与网络思政教育有机结合的育人氛围，形成教师全员全方位育人的良好局面。马克思主义学院（思政部）等思想政治理论课所在部门积极打造思政理论专业教师移动互联网使用技能长效培训机制，大力普及慕课、微课制作的基础应用性知识，提高其解决网络热点难点问题的能力和水平。宣传部门积极做好网络正面宣传引导工作，通过成立新媒体中心，做好校园媒体日常运行管理、推送弘扬核心价值、贴近学生实际的精贴好帖。信息技术教育管理部门积极做好网站管理、功能开发、网络监管等网络技术支撑工作，形成各司其职、各负其责的网络思想政治教育长效机制。

二是建立信息安全保障机制。互联网技术的广泛应用对于大学生思想政治教育工作整体而言，利大于弊。但这并不意味着高校可以忽视其带来的消极影响，特别是由此引起的网络安全隐患问题。具体而言可从以下几个方面入手：建立互联网媒介（如微信、微博）的使用监督以及惩戒机制，提升大学生网络媒介使用自律意识。高校管理者对于网络空间的话语失范、歪曲表达等不良行为要坚决抵制，对自身运用新媒体的话语表达更要首负其责。要进一步加强对学生隐私信息的主动保护能力，加强学生信息安全教育，避免诸如"校园贷"等网络诈骗行为在大学校园的再次发生。要进一步提升思想政治教育队伍和大学生群体在意识形态领域的防范意识。"西方世界一些不良

价值观念从未停止对我国思想文化领域的渗透与侵蚀",移动互联网技术的发展使这一趋势有增无减,不良信息的侵入、蔓延变得更加容易也更加隐蔽,对此,高校在开展大学生思想政治教育工作过程中时刻都不能放松。

正如习近平总书记所说:"必须把意识形态工作的领导权、管理权、话语权牢牢掌握在手中,任何时候都不能旁落,否则就要犯无可挽回的历史性错误。"这些对于开展大学生网络思想政治教育具有深刻的警示意义。

(三)优化阵地,引领大学生网络思想政治教育趋向

沈壮海教授等人在对全国 35 所高校 2016 年度大学生思想政治教育状况调查分析指出:"从网络思想政治教育的参与情况来看,大学生更倾向于关注微信、微博等新媒体公众平台。"由此可见,随着互联网时代的到来,以微信为代表的新媒体对于丰富高校大学生思想政治教育资源、优化大学生思想政治教育阵地起到了积极推动作用。据此,高校应积极做好大学生网络阵地建设,准确研判大学生网络空间积聚点、互动交流高峰时段、网络信息关注热点等要素。

一是提升大学生网络思想政治教育质量。互联网视域下的大学生思想政治教育工作要着力凸显实时性、贴近性和交互性的特点和优势,高校应注重因时、因事、因势对当前大学生在网络上关注的时政热点、社会焦点等信息进行及时跟进和持续干预。在答疑解惑的过程中注重抓取贴近学生话语体系和接受偏好的观点内容、表达方式,促进传统意义上看似枯燥乏味的思想政治教育通过互联网技术的介入实现叙事方式的有效转换,激发学生主动参与话题探讨的主动性、积极性,提升思想政治教育在大学生群体的接受度、认可度。

二是搭建移动互联网络教育平台。这里所指平台主要包含校级、院级、班级等三个层次,与之相对应的分别是校级总平台、院系分平台、班级微平台。对于高校、学生会、团委等校级平台而言,可通过校园微信公众号、BBS 移动客户端、校园广播 APP 等平台有针对性地设计、推送思想政治教育引导效果较好的文章、视频,选取专家评论、名师专栏的精华部分进行内容展示、话题互动。对于二级院系的分平台,要善于整合不同院系的专业设置特点和学生学科背景,利用互联网传播快捷高效的特征,开发集主流思想价值、专业知识理论、社科人文思想于一体的网络专题版块,构建各院系大学生这一"用户群体"的良好体验,增强各院系大学生的网络粘合度和愉悦性。对于班级微平台而言,可通过开通班级 QQ 群、微信群开展思想政治教育工作,也就是要根据本班学生的生源地、兴趣爱好、心理素质、专业需求等要

素，将具有普适性的网络思想政治教育与专业学习、文娱活动、话题互动等深度融合。同时，积极发掘班级的"意见领袖"，通过"意见领袖"的影响力和号召力，引导本班同学在网络空间的理性发言和话语表达，及时回应错误观点和不良信息，使学生在潜移默化中感受思想政治教育的内涵与价值。

随着国家对高校思想政治工作的日益重视，高校大学生思想政治教育体系也日渐深化。在这个进程中，作为开展大学生思想政治教育工作重要一环的高校，必须立足办学实际，紧跟时代发展步伐，牢牢把握互联网带来的历史机遇，挖掘互联网络独特优势，加强教育资源开发，提升思政教育无缝对接，同时积极应对各种挑战。这样才能最大限度地发挥互联网在高校大学生思想政治教育工作体系中的重要引导作用，增强互联网时代大学生思想政治教育实效性。

第五节 高校思想政治教育挺进网络文化的必要性及对策

信息时代，网络对社会的政治、经济、文化的冲击更趋强烈，它塑造了一种全新的生活和工作状态。高等学校是社会"网络化"发展的重要领域，是信息化浪潮的感应者和推动者。大学生群体思想活跃，更易接受新事物。那么，如何认识网络文化，如何充分运用网络资源和信息技术传播社会主流价值形态和切实加强大学生思想政治教育成为社会关注的问题，也日益成为高校大学生思想政治教育工作者关心的重要问题。

一、网络文化对思想教育的利弊分析

网络文化是一种不分国界、不分地区的，建立在因特网基础上的信息文化。它具有内容丰富、传播迅速、影响广泛、参与平等、服务个性化等特征，这是其他任何类型的传媒文化所无法比拟的。因此。在科技高速发展、竞争日趋激烈的今天，通过因特网涉足网络文化，获取更多、更新的知识，已成为越来越多的人所追求的一种时尚。在这个过程中，网络文化对高校思想政治教育犹如一把双刃剑，利弊同在。

（一）积极的作用

1. 互联网拓展了思想教育空间

互联网使用的普及性。将社会、家庭与学校对学生的思想教育连为一体，通过网络，党和国家的声音、社会对大学生的要求，家长的希望可以共同作用于学生主体，形成教育合力，共同做好学生的思想教育工作，使得原先相对狭小的教育空间变成了全社会的、开放性的教育空间，为全社会育人创造了良好的网络系统环境和育人模式。

2. 网络信息极大地丰富了高校思想教育的资源

互联网是一个大型的交互式多媒体高速计算机信息网络系统，它有效地将分散在各地的通信系统融为一体，使之成为大容量、高速度地数据传输系统。网络媒体在传播信息方面具有及时、大量、交互等优势，在时效性、连续流动报道、广为集纳相关信息、提供多种信息形态上优势明显。网络可以极大地丰富思想教育工作的资料，使我们的思想教育工作具有了丰富资料的来源。

3. 快捷的信息传播提高了思想教育信息的传播效率

网络具有传播速度快、覆盖面广的特点。使高校的德育教育更具有及时性和广泛性，使思想教育更直接、更深入。巨大的速度优势，是信息网络最重要的特点，信息高速公路所架设的四通八达的方便快捷的网络，使高校学生不必按传统方式在规定的时间到规定的场所接受教育，而是可以在任何一个设有终端的地方随时获取所需的知识，"聆听"老师的教诲，迅速了解国内外正在发生的政治、经济、社会生活等各个方面的信息。

（二）网络文化对思想教育的负效应

1. 网络文化对传统思想教育提出了的挑战

网络文化对传统校园文化带来的强烈冲击。深刻地改变了高校思想政治工作的育人环境，直接影响到传统德育的主导地位。来自互联网的纷繁复杂、浩瀚丰富的信息，对传统的校园文化形成了一个多元的巨大的文化包围圈。先前的思想教育对象虽然也受到大众媒体的影响，但基本都圈在一个空间狭小的校园内；先前的德育工作模式虽然也强调启发疏导，但主要还是面授性质的单向直达模式。互联网进入校园形成网络文化后，学生们可以更直接地接触社会。他们所受到的潜移默化不再只是家长的唠叨和思想政治和德育工作者的说教，而是受到来自整个世界、社会的影响。因此，我们总感到现在的学生思想状况要比我们小时候复杂得多，传统的工作方式总不那么奏效，甚至会导致逆反心理。

2. 网络文化的多元化削弱了传统思想教育的影响力

由于对网络文化采取开放式的松散管理，这为一般学生任意选择不同的功能区提供方便。但由于社会文化的多元化通过互联网得以广泛传播。使得互联网上出现数以万计的电子论坛。为大学生网民提供了数不胜数的信息，其中有真理，也有谬误，有科学，也有伪科学。大学生在接触了大量不同观点和真假难辨的信息后，容易发生思想波动，从而造成对学校思想教育的漠视。假若我们长期处于消极被动应付的局面，必然造成思想工作主导作用的被动。

3. 信息内容的良莠不齐影响了先进文化的有效传播

网络中各功能区域配置的不平衡，学校和社会监管区域的严重滞后和不健全，导致娱乐区域的强势发展、文化区域的自由化膨胀、先进文化区域和教育科技区域的弱势发展。这不利于学生确立科学的世界观、人生观与价值观。思想教育作为高等教育的重要组成部分，其根本目的在于帮助学生树立为中华民族的伟大复兴而不懈努力、乐于奉献的崇高理想、信念。但网络功能区域配置的失衡、网上不健康信息的泛滥。对物质生活的推崇和对娱乐休闲的无休止鼓吹，这些都容易误导学生形成消极的人生观、价值观，从而导致追求享乐、不求上进，不利于学生健康心理的形成，甚至滋生不安定因素，从而直接影响到传统思想教育的有效性。

二、思想政治教育挺进网络文化阵地的重要举措

互联网作为一种对人的思想产生巨大影响的新的传媒与传统媒体相比有着鲜明的特点，其跨时空、双向交互、信息视频化，为思想教育提供了新的平台、新的思路与新的手段。

（一）高校领导应成为思想政治教育挺进网络文化的"引导者"。

1. 在学院党委领导下，建立和完善思想性高、教育性和趣味性强、适应性广的思想政治教育网站。高校联手认真研究、精心设计，从培养、塑造、接班人的高度下决心建立好一批高质量的网站，吸引大批大学生网民来访问。制作生动直观的多媒体思想教育软件，直接上网竞争。

2. 组织专家制作一批思想性高、教育性强、趣味性强、适应性广的信息资源用于思想政治教育，这样能充分发挥多媒体技术图文并茂、声像交融的特点，把思想政治教育由"平面"引向"立体"，由"单向"引向"多向"，使政治教育更加生动。办好高校网站，一定要体现出导向性原则。在四通八达的交互式网络平台上，针对一些事关大局、事关政治方向，事关稳定的敏感性问题，要有正面的声音，给涉世不深的学生以政治上的引导。

（二）建立红色网站的信息使用和管理机制

1. 建立一支思想素质高，业务能力强、网络应用技术熟练的教育团队
红色网站的管理成员应由高校的主管领导和思想素质高。业务能力强又

掌握网络应用技术的思想政治工作者和专业的网络信息管理员组成教育团队。精心研究和设计红色网站的主题及丰富多彩的表达形式，开展多种形式的热点讨论和交流，提高教育对象的信息识别能力，加大对大学生的上网引导与教育。让大学生懂得在互联网这个知识宝库中到底能做些什么，如何挖掘宝藏，如何与自己的专业相结合等问题。

2. 建立红色网站的信息使用和管理机制

针对网络文化的多元信息流的冲击，要对网络保持高度的关注，做到了解、知情、监控。学校网络中心要明确管理规范。要依靠技术手段切实加强对因特网的控制力和对各种不良信息的屏蔽能力，研制能防止、过滤政治诽谤和色情暴力等反动、有害信息的软件和监控系统；要实施"走出去"的开放战略，加强"信息疆域"的拓展攻势，积极主动利用互联网这一覆盖面广、影响力大、穿透力强的载体加快建设有中国特色社会主义文化的网上传播，及时对某些不符合事实或影响大局的观点提供事实，针对一些热点问题提出正确的观点，进行正面的引导。从发展要求来看，职能部门在红色网站的建设和运行方面还应高度重视并加大人力、物力的投入，切实提高红色网站的质量和不断更新。

（三）"两课教学"要适应网络化时代要求，推进两课教学改革

1. 高校"两课教学"应适应网络发展要求，积极推进课程建设和教学改革

网络作为一种改变社会生产方式和生活方式的基础性因素，必然会引发人类精神文化生活和价值理念的深层次嬗变，这种嬗变可能引发大学生世界观、价值观、人生观的转变。高校两课是引导学生树立科学世界观、价值观、人生观的主战场。要强化"两课"教育在思想教育中的核心地位。在教学内容上要大量引入人文知识；在教学手段上，大力推广电化教育；在教学方法上采取座谈会、辩论赛、专题报告、参观访问、社会调查、网络平台互动式交流等多种形式。引导大学生关注和研讨社会热点问题、关注中央宏观政策，提高大学生思想政治觉悟，还可以在网上与大学生开展网德大讨论等活动，加强大学生的网络道德和法制观念。

2. "两课"教师要树立现代教育理念，不断提高自身素质，积极探讨将思想政治教育与网络平台有机结合的有效模式

在网络时代，学生通过网络可以方便地查到各种公开或内部、真的或假的信息，而教育者有时候却面临信息劣势的境地，部分教育工作者由于没有受到系统的计算机和英语教育，面对飞速发展的计算机和网络科技往往不知所措，上网查询信息很困难。这就要求从事思想教育工作的干部和教师，要

学习网络知识、了解网络、运用网络，要学会把思想教育和网络技术结合起来，这样才能面对新世纪的大学生，僻决网络时代德育工作面临的挑战和问题。

3. 在注意传授网络应用知识的同时，还应加强网络素质教育，注意网络使用的道德规范，使学生上网时能够进行比较好的自我管理

要坚持和强化对大学生的意识形态教育、中华民族传统美德和优秀文化教育。

总之，做好信息时代的思想政治工作，要确立马克思主义立场，要确立现代信息观念，注意联系实际充分利用网络信息，要积极开发信息资源，要寓教育于管理之中。思想政治教育工作要面向现代化、面向世界、面向未来，要创新和拓展内容、形式、方法、手段和机制，要不断学习和积极超越，增强思想政治教育工作者的时代意识、知识含量和技术理性。

第五章 互联网思维与思想政治教育模式分析

第一节 互联网与思想政治教育功能

我国自从 1994 年接入互联网，互联网的使用和普及愈来愈呈现迅猛发展势头。据中国互联网络信息中心（简称 CNNIC）发布的《第 38 次中国互联网络发展状况统计报告》显示，截至 2016 年 6 月，中国网民规模达到 7.1 亿，较 2015 年底增加 2132 万人；互联网普及率达到 51.7%。网民中学生群体的占比最高，为 25.1%。而在学生群体中，由于年龄、身心发展以及学习生活特点等因素，大学生无疑是最重要的网民群体。互联网在给大学生发展带来前所未有机遇的同时，也造成了大学生网络沉溺、人生意义空洞、道德行为失范甚至违法犯罪等诸多问题。虽然解决上述问题的途径很多，但高校思想政治教育无疑是其中非常重要的途径。思想政治教育具有引导和规范大学生网络行为，培养与塑造适应互联网时代的网络主体，形成和激发大学生对互联网的理性认识，整合国家、社会、家庭、学校等教育力量，疏导和调适大学生在这一时代背景下的心理和人际关系问题，净化网络虚拟环境等方面的功能。而这正是互联网时代高校思想政治教育合法性的重要基础，也是当今思想政治教育价值及其实现的基本前提。

一、引导与规范功能

（一）引导大学生的网络行为

导向功能是指思想政治教育通过运用启发、动员、教育、批评、监督等方式，把人们的思想和行为引导到符合社会发展要求的正确轨道上来，体现了思想政治教育的目的性、超越性和意识形态性，是思想政治教育的根本功能。以往思想政治教育对大学生的思想与行为的引导都是基于现实社会和现实空间进行的。然而在互联网时代，由于互联网形成和发展的时间较短，以及其自身的开放性、匿名性等特点，大学生在网络空间的行为呈现出较大的随意性、无序性甚至破坏性。这就迫切需要发挥高校思想政治教育的导向功能，引导大学生在网络空间中的思想与行为，使互联网成为有益于大学生发展的社会存在。具体而言，这种导向功能主要体现在：

1. 通过引导大学生树立崇高的理想信念来实现

高校思想政治教育能够引导大学生树立正确的理想信念，从而为其网络行为提供方向保证。互联网在拓展大学生认知和实践范围的同时，也对其思想认识造成了冲击。例如：部分大学生在不同文化、价值观念的冲击下迷失了方向，独立性和自主性消解于其中；盲目崇拜西方文化，不能正确认识中国特色社会主义建设中出现的问题；淡化对崇高理想的追求，沉溺于网络虚拟世界而荒废了学业和青春等。思想政治教育关涉人的精神世界，通过运用多种教育方式方法，能够将社会主义意识形态、社会主义核心价值观和高尚的道德品质渗透到大学生的思想认识中去，引导他们在多元思潮和价值选择面前学会理性判断，使其树立起崇高的理想信念，有效抵御西方资本主义意识形态的侵袭和影响，从而保证大学生网络行为的正确方向。

2. 通过引导大学生树立正确的人生奋斗目标来实现

高校思想政治教育能够引导大学生树立正确的人生奋斗目标，从而使其将社会发展目标与个体发展目标统一起来。互联网对于大学生思维的活跃、视野的开阔、创造性与创造能力的增强等方面具有重要作用，这有利于促进大学生人生奋斗目标的实现。然而，互联网的个性化特征和对个体发展目标的强调，会在网络空间充斥的西方自由主义思潮和个人主义思潮的影响下更加极化，使部分大学生夸大了个人与社会的对立，将强调统一的社会发展目标视为人生目标实现的障碍。网络的虚拟性能将某些人生奋斗目标在网络世界中虚拟实现，一定程度上也降低了人生目标与理想的崇高性和大学生对之追求的热情。高校思想政治教育能够通过世界观、人生观、价值观教育，尤其是生存观教育和网络价值观教育，提高大学生的媒介素养和对网络的理性认识，引导大学生正确认识个体与社会、个体发展与社会发展的关系，使其自觉将个体发展目标与社会发展目标联系起来，降低网络行为的随意性和无意义性。

（二）规范和调控大学生的网络行为

规范和调控功能主要是指思想政治教育通过影响和制约受教育者的思想和行为，从而使受教育者的思想和行为符合社会规范和社会制度的要求，其体现了思想政治教育的目的。虚假信息、黑客行为、数字化犯罪等，破坏了网络空间的生态环境和其他主体的生存利益。高校思想政治教育能够作为一种社会"软规范"，约束和调适大学生在网络空间中的行为，从而净化网络环境，维持虚拟社会的良好运行。

1. 通过主体自律实现规范和调控

高校思想政治教育能够将社会规范和社会制度的要求内化为大学生的行为标准和行为习惯，通过主体自律，实现对大学生行为的规范与调适。相对于现实空间，道德自律和"慎独"精神在网络空间中的作用更为突出。高校思想政治教育可以通过显性或隐性的社会主义核心价值观教育、公民道德教育等，将符合网络特点的道德规范、行为准则等内化为大学生的新型生存观、价值观、交往观、道德观，使他们形成自我约束、自我规范的自律意识，并外化为符合道德和社会制度的良好的网络行为习惯和理性的网络行为，自觉维护网络社会秩序。

2. 通过社会他律实现规范和调控

高校思想政治教育能够通过行为准则、法律制度以及社会舆论等他律力量，实现对大学生行为的规范与调适。高校思想政治教育通过使大学生明确网络社会规范以及自己在这一空间中的权利和责任，以一种外在客观力量发挥对大学生网络行为的约束与规范作用。还可以发挥对网络舆情的引导作用以及网络舆论的评价作用，对大学生网络行为形成强大的外在约束，以减少和避免网络行为失范。此外，思想政治教育还可以与法律制度、规章制度相结合，通过一定的奖惩措施，鼓励和弘扬大学生求真、向善、至美网络行为，打击和惩罚情节相对严重的网络失范行为，从而净化网络环境，维护网络社会良好秩序。

二、培养与塑造功能

培养与塑造功能是思想政治教育的基本功能。在互联网时代，大学生在获得自由与超越的同时，也呈现出新的主体依赖、个性异化、交往窄化、心理和生理健康问题丛生等一系列问题。这需要发挥高校思想政治教育的培养与塑造功能，培养适应网络发展要求并能正确处理虚实二重空间关系的理性主体，从根本上规范和优化大学生的网络行为。

（一）培养和塑造有较高政治觉悟和崇高人生理想的大学生网络主体

这一功能是通过意识形态教育和理想信念教育实现的。意识形态教育和理想信念教育是高校思想政治教育的重要内容，也是其区别于其他教育的重要体现。互联网空间中信息纷繁复杂、良莠不齐，多种文化和价值观相互碰撞，给大学生造成了诸多不良影响，这凸显了意识形态教育和理想信念教育的必要性和紧迫性。思想政治教育可以结合多媒体技术、虚拟现实技术等，通过多种形式、方式和途径，用马列主义、毛泽东思想和中国特色社会主义理论武装大学生头脑，通过直观数据与事实向大学生展示新中国成立后尤其是改革开放以来所取得的重大成就，提高大学生的政治鉴别能力，正确认识与看待社会主义建设过程中遇到的问题与难题，坚定政治立场和政治态度，坚定社会主义和共产主义的理想信念，将个人理想与社会共同理想有机联系起来，在复杂多样的海量信息中做出明智的选择，在共同理想的指引下吸收科学的政治信息，从而增强对西方腐朽文化思想和歪理邪说的抵抗力与免疫力。

（二）培养和塑造有较强主体性的大学生网络主体

这一功能是通过对大学生的主体性和主体意识的培养实现的。主体性主要指人作为活动主体的能动性、自主性和自为性，是人之为人的重要标志。互联网在凸显大学生主体性的同时，也使其形成了信息依赖、独立思考能力和判断能力弱化等新的主体依赖问题。高校思想政治教育以培养和发展大学生的主体性为重要任务，是其主体性生成和发展的重要途径。概言之，这种培养与塑造作用主要体现在：一是社会发展与人的发展在互联网时代呈现出新的规律和发展态势。高校思想政治教育通过引导大学生运用马克思主义的立场、方法、观点分析互联网与人的发展关系、网络虚拟空间与现实空间的关系，使大学生掌握网络世界运行规律和互联网时代背景下社会发展规律以及自身发展规律，从而培养和塑造大学生适应当前时代发展境遇的主体性。二是互联网的"无所不能"一定程度上使大学生成为缺乏独立性和自主性的"电脑植物人"。高校思想政治教育以辩证唯物主义和历史唯物主义为理论基石，通过马克思主义理论教育和信息素养教育等，能够丰富大学生的思维方式，提高其辩证思维能力，从而辩证看待网络及其影响，对网络信息的价值形成正确认识，以理性思维对抗海量信息的冲击，确立自己在网络世界、海量信息中的主体地位。

（三）培养和塑造有较高思想道德水平和较强法律意识的大学生网络主体

这一功能是通过道德教育和法律教育来实现的。互联网自由性、隐匿性等特点使外在的道德和法律规范对大学生的约束力降低，因而主体自我约束能力在这一空间发挥更重要的作用。这一能力的培养与塑造主要是通过道德教育和法律教育来实现的：一是对大学生开展思想道德教育，能够使其明确网络空间中的道德要求，认识到道德自律对自我、他人以及整个网络环境的意义，激发大学生对崇高道德的追求，唤醒其人性中的崇高性，以主体道德自律来减少网络空间中的违道德和反道德行为的发生。二是对大学生进行法律法纪教育，尤其是网络法律法规教育，能够使其明确在这一空间中的活动边界，知道自己能做什么，不能做什么，允许什么，禁止和反对什么，增强大学生的法律意识，提高其法律素养，并将法律法规由外在约束逐渐内化为自身的行为习惯与标准，成为懂法、守法、爱法、护法的网络行为主体。

（四）培养和塑造有健全人格和较高精神境界的大学生网络主体

这一功能是通过对大学生理性与非理性的培养和真善美的教育实现的。一是相对于现实空间，互联网凸显了大学生的非理性一面。在某些情况下，非理性中的一些负面因素造成了网络空间中的行为失范。高校思想政治教育能够通过对大学生进行政治教育、道德教育、情感教育、理想信念教育、法律教育等培养和协调受教育者的理性与非理性，以理性规范非理性，以非理性丰富理性，促使其知情信意行等方面得到全面发展，形成健全完善的人格。二是网络空间中的垃圾信息、暴力以及色情信息等一定程度上冲击了大学生的真善美标准，部分大学生陷入某些低俗游戏、低俗文化之中，消解了对人生理想追求的动力，拉低了精神境界的崇高性。高校思想政治教育能够通过多种形式的教育活动，以科学的理论武装人、以正确的舆论引导人、以高尚的精神塑造人、以优秀的作品鼓舞人，引导大学生求真、向善、致美，正确区分网络空间中的有益资源和腐朽文化，从而提高大学生的精神境界，绽放生命的意义与价值。

三、激励与整合功能

高校思想政治教育不仅能够引导和规范大学生在网络空间的思想和行为，培养和塑造适应互联网时代的主体，而且能够对大学生的行为产生激励作用，凝聚与整合教育力量与教育资源，从而促进网络世界的秩序化以及其与现实世界的良性互动。

（一）激励大学生形成积极健康的网络行为

激励功能是指思想政治教育"通过各种有益的方法，激励人们形成积极的动机，鼓励他们在学习、工作和劳动中表现出高度的积极性、能动性和创造性"。概言之，高校思想政治教育过程是"内化"与"外化"的过程，即将一定社会发展和人的发展所需要的政治观念、价值观念、道德观念等转化为大学生内心信念，并外化为其积极行为。激励是实现"内化"与"外化"的重要途径和手段。从此意义上讲，激励功能是高校思想政治教育最直接的功能。

互联网的开放性、自由性和弱联系性，使大学生的内在信念在一定程度上因动力不足而难以外化为积极行为，其网络行为带有较大的随意性、无目的性和无意义性。这就需要充分发挥高校思想政治教育在网络空间中的激励功能，调动大学生的积极性与主动性，引导和激发其积极的网络行为。一是高校思想政治教育能够凭借其独特优势，激发大学生对理想信念的坚持与追求，并将其转化为行为内驱力，使大学生在理想信念的感召下，增强社会责任感和历史使命感，自觉抵制西方意识形态的渗透与侵袭，构筑起心理"边疆"与"防火墙"。二是高校思想政治教育通过利用多媒体技术等开展道德教育，创造良好的网络舆论环境和道德评价氛围，以善恶评价激励大学生的道德认识、道德情感和道德意志，激发其积极健康的道德行为。三是高校思想政治教育可以将解决思想问题与解决实际问题结合起来，通过探索正向物质激励和精神激励并用的措施，以及与法律相结合，以网络舆论评价和法律制裁的方式惩戒不道德行为和违法犯罪行为，激发大学生在网络空间中的积极行为。四是高校思想政治教育可以将其所提倡的思想观念、政治观念和道德观念等融入网络视频、音乐、游戏之中，以隐性教育的方式激发和调动大学生的内在精神动力，进而外化为健康、积极的网络行为。

（二）整合形成主导性的网络舆论和网络舆情

整合和凝聚功能是指思想政治教育能够用特有的内容与方式将表面上看起来分散的、千差万别的个体的人整合和凝聚成一股力量，为实现既定的目标而共同努力与奋斗。互联网的开放性、自由性、超时空渗透性等特点，使个体言论得到空前的自由表达，也为各种虚假信息、谣言的随意制造与发布提供了机会；西方国家也因此加紧对我国进行意识形态的渗透。另外，伦理冲突和价值冲突等也使网络空间出现无序化局面。

美国著名政治学家奥勒姆指出："任何社会为了生存下去都必须成功地向社会成员灌输适合于维持其制度的思想。"灌输不仅仅指正式的理论灌输，还包括通过其他形式的活动向受教育者的渗透。上述网络空间问题的存在，迫切需要发挥思想政治教育的整合与凝聚功能，而这一功能的发挥主要是通过对网络舆情的引导和整合实现的。网络舆情主要集中围绕与网络主体切身相关的利益问题和社会普遍关注的热点问题展开的。高校思想政治教育可以充分利用网络的交互性，以微博、微信、QQ、论坛等方式积极参与热点问题的讨论与跟帖，清楚地了解大学生的真实情感和思想困惑，有针对性地对其反映的共同需要进行关注，在将解决思想问题与解决实际问题的结合中凝聚力量。同时，通过对各种歪曲理论、反社会主义意识形态的思潮和偏激的言论进行及时批判与揭露，以科学的理论和有力的事实证明社会主义的生命力和优越性，以崇高的人生理想和信念引导大学生在虚拟空间中的盲目行为，使大学生做出正确的价值判断与价值选择，形成健康、向上、积极、和谐的网络环境。

四、疏导与调适功能

思想政治教育的疏导与调适功能主要是指思想政治教育能够综合运用各学科知识和多种方式方法，针对受教育者遇到的心理和人际关系等问题，帮助其疏导和调控情绪，培养受教育者良好的心理素质，提高其适应能力、心理承受能力和人际关系处理能力，形成相对平衡和适度的心理状态和较为和谐的人际关系，促进其健康、全面发展。

（一）通过健康教育实现疏导与调适

高校思想政治教育可以通过开展心理健康教育，并使之与挫折教育相结合，向大学生普及心理知识，使他们了解自我情绪发展变化的特点和自我心理活动的规律，掌握情绪调控和心理调节方法，提高心理承受能力和适应能力，正确看待和应对社会变迁和竞争压力，保持乐观向上的情绪和积极健康的心态。同时，心理健康教育与社交礼仪教育相结合，能够使大学生掌握人际交往的技巧、尺度与方法，在尊重他人、理解他人、与他人合作的过程中形成和谐的人际关系。而良好心理素质与和谐人际关系的建立能够缓解大学生的心理压力，一定程度上减少因逃避现实而发生的网络沉溺现象。

（二）通过心理咨询活动实现疏导与调适

高校思想政治教育可以通过开展多种形式的心理咨询活动，尤其是开展具有"匿名"性的网上心理咨询，能够使大学生将不良情绪和思想困扰及时倾诉出来，从而及时获得情绪疏导、心理调节以及人际关系处理方面的指导，促使大学生形成良好的心理素质和健全的人格，积极乐观地面对学习与生活。

（三）通过文化活动实现疏导与调适

高校思想政治教育可以通过形式多样的文化活动充实大学生的生活，将其目光从屏幕移开，使其逐渐认识到网络只是生活的一部分，人生的根本意义并不能在技术构筑的网络世界中得到正确答案，而更重要的是在现实生存中不断展现自我价值与生命的真谛，从而减少网瘾的发生以及由此引起的心理和社会问题，在虚拟与现实两个空间的交互作用中彰显人生的价值与意义。

第二节 互联网思维对高校思想政治教育的价值启示

一、什么是互联网思维

"互联网思维"最早出自百度创始人李彦宏之口，它并无权威的定义，什么是互联网思维？百度百科定义为：互联网思维就是在（移动）互联网、大数据、云计算等科技不断发展的大背景下，对市场、用户、产品、企业价值链乃至整个商业生态进行重新审视的思考方式。互联网思维的迅速崛起不是空穴来风，而是顺应时代发展、抓住市场规律、满足客户需求的一种现实思维。互联网思维看重作为个体的人的重要性，这一出发点与思想政治教育以人为本的理念不谋而合。

二、互联网思维的特点

任何一个时代的理论思维，包括我们这个时代的理论思维，都是一种历史的产物，它在不同的时代里展现出完全不同的形式，同时具有完全不同的内容。"以信息技术为核心的新一轮科技革命正在孕育兴起，互联网日益成为创新驱动发展的先导力量，深刻改变着人们的生产生活，有力推动着社会发展，互联网真正让世界变成了地球村，让国际社会越来越成为你中有我、我中有你的命运共同体。"赵大伟在其著作《互联网思维——独孤九剑》中提出互联网思维是指在（移动）互联网、大数据、云计算等科技不断发展的背景下，对市场、对用户、对产品、对企业价值链乃至对整个商业生态进行重新审视的思考方式。

（一）颠覆式创新

颠覆式创新是互联网思维的主要特点。快速迅捷是互联网的特性之一，具有日新月异的更新速度，表现出极强的新陈代谢能力，互联网思维必然折射出这种快速度的创造精神。各个行业依靠互联网的诞生和普及获得了新的发展动力，工业、农业和第三产业不断突破传统禁锢思维，寻找新的发展出路，开拓出一系列适合自身的发展方式。比如，互联网公司犹如雨后春笋迅速占领着各大地区和城市，成为人们争相蜂拥的就业领域。互联网公司的崛起一方面挑战了传统行业的权威地位，另一方面其具有的创造性颠覆式思维成为社会广泛关注的热点。颠覆式的思维方式在改变人们惯性认识的同时，也要求思想政治教育要坚持时代性，摆脱落后观念的束缚，紧扣时代发展的脉搏，在多元的思想观念碰撞中，在多样文化的激烈交锋中，为大学生营造一个全新的学习生活环境。

（二）开放中参与

开放性意味着每一个人都有权利和机会平等地表达自己的意愿和想法，每个人都能够积极参与到社会事件的大讨论之中，活跃在属于自己的言论空间。开放性意味着用户拥有更大的权限和机会，其参与度将得到进一步提高。开放中参与的良好氛围为互联网思维的形成和发展奠定了基础、提供了可能、渲染了氛围，高校思想政治教育传统课堂教学正是缺少开放性和参与度，依然采取强势的灌输方式，师生之间的沟通环境、知识教授环境互动性严重不足，学生更是难以在缺乏互动的环境中学习成长。互联网思维开放性特点要求思想政治教育不能再是一个封闭的环境，而是一个开放性的空间，互联网的开放性思维要求思想政治教育工作转变教育方式，充分利用互联网平台，积极融进广大学生的学习生活中去，增强思想政治教育工作的互动性和共享性，改变传统思想政治教育环境的落后性和封闭性，提高学生参与思想政治教育工作的积极性和主动性，不断增强老师和学生之间的交流度和亲近感。

（三）主体性体验

互联网的快速发展，互联网公司的如火如荼都得益于互联网人性化的特点，即注重人的价值和人的主体性。在以人为本的时代背景下，互联网用户的体验和满意度被视为重要的参照指标，互联网公司更是采取各种策略和手段追求用户的主体性体验和人性化设计，保证广大用户在无意识中收获到良好的个人体验。关注主体性体验和实现人的价值，既是互联网思维的内生属性，也是高校思想政治教育以人为本、以学生为中心的具体体现。人性化原则强调思想政治教育教师要有亲和力，关注大学生的需要和发展，让学生感到自由、轻松、平等；善于将教育内容渗透在学生时刻生活的环境中，达到内化于心、外化于行的积极效果。

三、当前高校思想政治教育存在的缺陷与不足

（一）教师占主体地位，教育过程缺乏互动性

学校作为一种特定的社会组织和培养机构，其在向受教育者传授文化知

识、劳动技能、价值观念的过程中，具有强烈的计划性、组织性、目的性。在长期的历史发展中，逐渐形成了教师长期强势占据着主体主导地位，学生被动地接受教育内容，往往会出现教师一人在讲台上唱着独角戏，自我陶醉、自我肯定；学生则在台下自娱自乐、自我游离。尤其是马克思主义基本原理概论等公共理论必修课，课堂上师生互动性不强的现象表现得更为突出。一旦教师在思想政治教育过程中长期占据主体地位，不尊重和调动学生的主体性，缺乏有效互动，不去营造互动交流的教学氛围，势必会导致学生产生逆反抵触心理，大大减弱思想政治教育的实效性。

（二）教育内容文字过多，教育环境可视性不高

文字的出现标志着人类文明迈入到一个崭新的阶段。思想政治教育内容得到传承和传播，也必须借助文字进行。在古代，统治阶级往往是通过文字向被统治阶级进行思想政治教育，而人们也是通过文字获得知识，如久经流传的《三字经》《弟子规》，都是文字在思想政治教育中的深刻体现。进入互联网时代以来，高校思想政治教育仍然受困于文字的束缚，教师对学生进行思想政治教育仍存在照本宣科，完全照念书本内容的现象，教师俨然将自己变成了复读机和搬运工。学生作为敏感的可视性存在，如果长期处于充满文字的教育环境，教育环境极度缺乏可视性，即使教师讲得多投入，学生也会产生厌烦情绪，产生视觉和听觉双重疲劳。

（三）班级学生人数过多，教育过程欠缺精准性

教育者和教育对象是思想政治教育过程中最基本的两个要素。教育对象作为复杂的群体，可划分为不同类型、不同层次，凡是存在人群的地方就存在思想政治教育，人人都是受教育者，这使得教育对象变得更加广泛。从当前学校教育情况而言，我国高校思想政治教育理论课普遍实行大班教学，把不同学院不同专业的学生汇聚在一起，公共课一个班学生人数经常达到一百人以上，重庆某高校公共课人数更是超过一百五十人。面对如此众多的学生，一方面思想政治教育理论课教师难以进行有效管理，另一方面也使教育效果大打折扣，导致教育内容难以精准地影响到每个学生，无法全面满足每个学生的个性需求。

（四）授课地点惯于封闭，教育环境缺乏开放性

思想政治教育授课地点经历了室外——室内——室外的转变，这一转变既是时代发展的必然结果，也是思想政治环境本身的发展规律，但是终究未能突破现实世界这一界限。虽然当前众多高校的思想政治教育工作已从线下

迁移到线上，充分利用网络平台进行教学，但总体使用情况较差；此外，仍有部分高校依旧墨守成规，不敢于、不善于将理论课地点做出积极调整。在高度开放包容的互联网时代，大学生更加趋向于使用互联网进行学习和生活，更有一些大学生群体逃离现实世界，长期移居生活在网络空间。如果高校思想政治教育者固执认为网络教学只会增加自身教学负担，还会丢失课堂教学主渠道，这必定会造成教育环境封闭化，限制了大学生接受思想政治教育内容的空间范围，导致思想政治教育与时代脱轨。

四、高校学生互联网思想政治教育构建的价值

（一）顺应当今信息时代进程的强烈要求

互联网的迅猛发展使高校思想政治教育看到了新的机会，同时也要面对新的挑战。20世纪八九十年代开始，国外对于互联网相当关注，把互联网作为新时期意识形态的新战场，这里的交锋没有硝烟，没有枪炮，但激烈程度并不亚于真正的战场，因此面对这样的局面，中国高校思想政治教育的当务之急就是要占领互联网思想政治教育的新高地。

1. 高校学生思想政治教育在互联网时代迎来了新的春天

思想政治教育利用互联网这一平台，打破了传统的时空限制，令受教育的人员更多，受教育的范围更广，受教育的时间更加灵活，这些优点都有赖于互联网的快速发展。过去老套的思想政治教育多是教育者和受教育者必须在一个地点面对面的交谈，这使得受教育的面积狭小，其他外地具有类似疑惑的人们享受不到这种教育资源，先进思想政治教育理论传承缓慢。互联网的出现和快速发展完全改变了这一情况，为高校学生思想政治教育迎来了新的春天。

2. 高校思想政治教育在互联网时代待解决的问题很多、困难很多

美、英等发达国家的互联网技术起步比我国早，互联网运作完善，使我国的互联网监控和掌控的难度与日增高，对高校思想政治教育传播的成效构成很大障碍。进入21世纪以来，尽管我国在互联网发展领域有了长足进步，可是要和美、英等先进国家比较，我国还存在很多问题，比如不够充足的数量、不大的规模、滞后的数据更新……此外，互联网飞速的发展，既推动了经济、科技、社会的快速前进，也随之带来了很多不良的、堕落的思想理念在社会乃至高校中传播，这给高校思想政治教育工作的开展造成了很大障碍。另外，过去旧的思想政治教育理念、内涵、形式都与当今社会脱节，过去旧的思想政治教育工作者往往站在掌握大量信息和丰富经验的位置上，在传授

先进思想过程中很容易得到高校学生的尊重、敬仰，具有权威性。可是，在互联网高速发展的今天，高校学生往往会在教师授课前已经通过互联网掌握了很多知识和理论，与教师的知识量近乎持平，无形中就构成了高校思想政治教育新的困难。

（二）增强高校学生自主学习的现实需求

基于互联网的自身特性和高校学生个性张扬、活泼的特点，高校学生可以在互联网中自由自主地、无拘无束地展开想象，进行创作、进行发展。在互联网中，人人都可以变成这个虚拟世界的焦点，成为他人关注的核心。在互联网中，高校学生可以通过多种渠道获得他们想要的内容，并且不夸张地说想要多少有多少。当然，在获取内容的过程中，高校学生也可以充分展示自己的观点和认识，并且这种展示的机会也在随着互联网的发展不断增多。在互联网环境下，每一个想展示自身观点的高校学生获得了越来越多的平台。与此同时，高校学生并不具备较为成熟的自主能动性和独立性，在这个虚拟的互联网中不少人都找不到自己本身，得上了数码焦虑症，多元观念中的价值迷失、人与人沟通中的社会障碍等现象不断产生。这些障碍正是互联网思想政治教育需要为高校学生解决的难题。

（三）思想政治教育革新的必经路程

当今社会，思想政治教育的主题就是"培养什么样的人，如何培养人"。在互联网高速发展的今天，思想政治教育的主体、客体较之过去都发生了翻天覆地的转变。就这些转变，展开深层次的探究，会发现当中含有很多亟待攻克的难题。推动人的德智体美全面发展，首要就是要加强德育教育，这就包括互联网思想政治教育，换言之，人的全面发展内在需要进行互联网思想政治教育。并且，在当今社会，信息技术瞬息变化，互联网飞速发展，要想与时俱进，彰显时代特征，加强互联网思想政治教育也就成了当代思想政治教育革新的必然经历的路程。这种崭新的思想政治教育形式，较之过去老旧的思想政治教育模式，更能与当今高校学生的时代特性、个体特性相契合，更能让高校学生在受教育过程中发挥主体作用，在师生之间体现更加民主、平等的教育理念，令学生积极主动地投入到学习中，做到主动学、认真学。总之，互联网不仅带来了大量丰富的知识，也改变了我们的教育形式，使教育形式更加丰富，也使我们的教育工作更能拉近师生之间距离，成为思想政治教育新的利器。

五、高校学生互联网思想政治教育的方式

（一）改变过去老旧的传教观念和表现手法

过去老旧的思想政治教育以接受教育的人本身的内化和外化相融合为重点，内化是决定因素，但是外化也不容忽视，它是内化的条件和保证。过去的思想政治教育工作者多半是把报纸、图书、自身周边的案例作为其教育的范本，提取信息，但这些信息往往已经老套，和时代脱节，无法提高学生学习的兴趣。过去的思想政治教育工作者在教育过程中，多半处于主场，具有绝对的主动权，学生只能被动受教，不能有自己的想法，这就很容易使学生产生逆反心理，并不能解决学生思想中的问题。可是，网络就完全不同了，它是一种新型的媒体，有"第四大媒体"的称号。它的出现可谓改变了一切，它信息量大、信息更迭快，同时又是一种虚拟的环境，使得人与人的交流在人格、权利、地位等诸多方面更显得平等。

（二）搭建思想政治教育网络平台，拓展互联网育人空间

互联网与其他传统媒体相比具有一个重要优点，即网络中的信息可供每个人共同使用，因此可以搭建一个思想政治教育专业网站。在这个网站里，既可以传播先进思想，又可以融会丰富的知识，还不乏趣味性。

（三）提高网站利用率，在互联网上开展平等交流

互联网是自由的，是可以彼此平等交流的，这正与大学生的需求相一致，这也是他们在过去的思想教育、交流沟通中从未有过的。无论是早期网络传播方式 BBS、博客，还是现在年轻人普遍喜欢的微博、微信、网站……人们都可以在这些网络平台上交流思想和心得。基于此，就必须要对网络平台中的舆论方向进行正确的引领，使其着重体现正能量。另外，从事思想政治教育工作的人们还应特别关注大多数高校学生关心的重大事件和他们思考的热点问题，并且可以围绕这些重大事件和热点问题，在网络平台上展开专题讨论，让高校学生参与其中，进行讨论，发表观点，增进交流，增强高校学生自主独立思考、分辨善恶美丑的能力。

（四）开发使用符合高校学生思想政治教育的电脑软件

电脑软件对于大部分使用者而言，都会有不同程度的感染，并且用户在一次又一次的使用过程中，软件中的内容也会对他们的大脑进行多次深入刺激，使其在潜移默化中接受电脑软件中所阐释的思想，进而改变用户自身的思想观念，这些其实都是电脑软件在对其使用者进行政治观、世界观、人生

观、价值观的潜在熏陶。

（五）调动高校学生干部参与校园网络建设的积极性

首先，应当引导高校学生自主参与与互联网不健康内容斗争的积极性，增强高校学生干部的信息敏锐感和对互联网内容的收纳、提炼、甄别、使用的本领。其次，引导学生干部通过互联网展开思想交流，充分发挥他们及时化解学生与校方、学生之间误会的作用。我们应当看到，在高校的 BBS 论坛里，时不时地就会产生一种名为"群体极化"的问题，这种问题的出现多半是因为讨论中的这些人的想法基本相同，这些人为了能够更好地维护自身的观点和主张，极易出现极端主义；可是另外那批有着其他见解的群体则会因为想要平衡心理，于是采用不吭气或者随声附和的方式，进而导致该意见升级成为极端意见。高校学生干部应当积极主动地担当好健康思想互联网宣讲员和引导员，自觉抵制互联网上的"群体极化"错误言论，用于说"NO"，不做"随声附和"者，并且要发挥聪明才智，积极提出能够帮助解决问题的建设性意见。

六、互联网思维视域下高校思想政治教育的战略思考

习近平总书记强调要遵循新闻传播规律和新兴媒体发展规律，强化互联网思维，坚持传统媒体和新兴媒体优势互补、一体发展，形成立体多样、融合发展的现代传播体系。高校思想政治教育工作者必须充分认识到互联网思维的存在价值和重大意义，运用互联网思维增强思想政治教育的实效性。

（一）用户思维：增强教育对象的主体性

用户思维要求每个环节都要站在用户的角度，照顾用户的感受，以用户为中心去思考问题。高校思想政治教育者不主动调动教育对象的主动参与性，不深入调研大学生的真正需求，不提升大学生在教育过程中的主体地位，整个教育过程将会变得苍白无力，教育效果也会大打折扣。因此，一是要努力形成用户思维，优化互动环境。思想政治教育者要主动放低姿态，充分发挥自己的主导作用，积极营造轻松、平等、和谐的交流互动氛围，与教育对象进行有效互动。二是要最大限度发挥教育对象的主观能动性，在坚持马克思主义原则的基础上，让他们参与教学内容的选择构建，变被动环境为主动环境，使"逆风被动接受"向"顺风主动构建"转变，从而使教育环境更加和谐互动。

（二）简约思维：实现教育内容的可视性

这是一个"信息过剩"的时代，也是一个"注意力稀缺"的时代，在"无限的信息"中攫取"有限的关注度"。这要求我们的思想政治教育内容对受教育者而言，必须能够"一语中的"，以最简约的方式达到育人效果。高校思想政治教育应转变以往大水漫灌般的文字表述，积极打造可视化的教育环境，使教育内容看起来简洁、听起来简明、说起来简单，让学生看得明白、听得有趣、记得深刻。具体而言，一是要注重提高"裁剪"能力，将内容用短小精悍的方式呈现出来，改文字为图片或视频，甚至利用虚拟技术，营造出一个虚拟教学场景，实现教育环境的可视性；二是要培养简约思维，树立简约就是美的思想意识，努力净化思想政治教育环境。

（三）跨界思维：打造教育环境的融合性

跨界思维意味着要超越之前思维的局限，突破传统工业时代那套讲究精准、严密、控制的思维模式，寻找新的交叉点，实现自我颠覆和重塑。高校思想政治教育环境是由不同类型、层次、体系的环境要素构成的，要素之间相互交织、相互转化，呈现出立体性、动态性的环境特点。面对如此复杂的环境，高校思想政治教育者在互联网时代下保持甚至提升教育效果，协调各种环境因素的相互作用，需要不断学习新的内容，形成跨界思维，搭建跨界平台，善于将不同的要素有效融合在教育环境中，使教育环境由单一性向多元性转变，增强教育环境的有趣性和黏性度。一是教育者批判性借鉴如超级演说家综艺节目的形式，为学生创建一个多方展示自我的舞台环境，达到寓教于乐的教育目的。二是形成跨界思维，消减各种环境因素的摩擦力，敢于创新，促进思想政治教育环境的有效融合。

（四）大数据思维：提升教育效果的精准性

维克托·迈尔-舍恩伯格认为大数据就像望远镜让我们能够感受宇宙，显微镜让我们能够观测微生物一样，大数据正改变我们的生活以及理解世界的方式。为了及时掌握教育对象的思想动态和行为习惯，必须树立大数据思维，对症下药，抓住"痛点"和"难点"，增加吸引点，增效教育效果的精准性。第一，教育者要记住教育对象不是一类人，而是单个人。每个教育对象由于成长经历不同，成长环境也不相同，他们有着不同的心理特点和成长规律。教育者只有因材施教，积极运用大数据和大数据思维分析每个教育对象，并形成针对性的教育方式，才能更好地实现教育的精准性。第二，增强教育效果的精准度，还需要投入更多的财力、人力和物力，如建立思想政治教育大数据分析实验室和利用大数据抓取大学生日常学习生活轨迹，以便及时动态掌握他们的思想状态。第三，要形成大数据思维，注重数据的收集与反馈，了解教育对象在线下环境和线上环境的双重变化。

（五）开放思维：强化教育空间的开放性

"思想政治理论要坚持在改进中加强，提升思想政治教育亲和力和针对性，满足学生和发展需求和期待"。开放性是互联网的根本特性，在互联网中每个人都有着属于自己的节点，人们经常在线下世界和线上世界之间跳跃转换。互联网思维的开放性正要求思想政治教育保持环境的开放性，开放意味着包容，开放也帮助教育者能够在多元环境下尽到教书育人的职责，促使受教育者始终以开放、未知、好奇的心态接受教育、提升自我。互联网思维的开放性要求高校要勇于对传统教学模式进行全面改革，积极打造第二教学环境——网络教学平台，使教育对象既能在现实教学环境面对面接受思想政治教育内容，也能通过网络教学平台随时随地、轻松自在地进行知识学习，从而达到线上线下"双线教育"协同发力的良好效果。

第三节 思想政治教育价值传播的互联网思维

一、思想政治教育价值传播中互联网思维的内涵

互联网思维是近些年来商业领域中经常使用的一个概念，主要指"在（移动）互联网、大数据、云计算等科技不断发展的背景下，对市场、对用户、对产品、对企业价值链乃至对整个商业生态进行重新审视的思考方式"。从本质上讲，商业领域强调的互联网思维，主要是通过用户至上的开放理念、简约极致的流量服务、同享共赢的数据平台，达到吸引广大客户、扩大市场份额、提升商业利润的经济目的。随着以互联网为代表的新兴媒体的广泛应用，互联网思维这一概念逐渐为人们所熟知，并广泛应用到各个学科领域。思想政治教育价值传播的互联网思维，主要是指教育主体在开展思想政治教育的过程中对教育客体、教育介体、教育环体乃至整个思想政治教育价值传播生态具有的网络化思考方式。在一定意义上说，思想政治教育价值传播的互联网思维，是一种迭代更新思维、社会化思维与跨界思维，能够较好地实现教育主体与教育客体的平等参与和良性互动，进而形成平等交流的思想政治教育价值传播模式。客观地说，互联网的裂变式发展打破了传统思想政治教育自上而下的单向价值传播方式，所有网络参与方都有可能成为信息发布方或

价值辐射源，这在一定程度上影响和制约了教育客体认同和践行思想政治教育价值传播的效果。因此，思想政治教育价值传播的互联网思维，既要思考与探究思想政治教育过程中如何发挥以互联网为代表的新兴媒体的价值传播优势，更要对其价值传播所造成的负面影响保持清醒的认识。

（一）互联网思维是一种迭代更新思维，凸显了思想政治教育价值传播的创新性

有学者指出："在移动互联网时代，人们会发现，智能手机上的一个个客户端会不断要求你更新，反而这种更新本身就会给人们好的体验，因为客户端设计者会不断提醒做了什么更新和完善。这被称为迭代更新。"从某种意义上说，迭代更新思维是新时期思想政治教育价值传播主体应当具有的基本生存思维，它意味着教育主体在组织和实施思想政治教育的过程中，教育情境的营造、教育内容的构思和教育方式的选取，既要符合网络信息发布与价值传播的基本规律，也要贴近教育客体的生活实际、符合教育客体的健康成长规律，使教育客体每一次接受思想政治教育的网络信息与价值传播总能产生新感觉，进而形成崭新的思想政治教育理论感知模式。在互联网技术迅猛发展过程中，面对网络化生存成为新常态的客观事实，思想政治教育价值传播过程中必须强化互联网思维，在充分发挥传统思想政治教育价值传播机制优势的同时，与时俱进地创新思想政治教育的价值传播机制，使思想政治教育的主导性内容以富有感染力的情景氛围、富有吸引力的话语体系、富有战斗力的传播模式走出书斋，走进教育客体的心灵深处。

（二）互联网思维是一种社会化思维，彰显了思想政治教育价值传播的流变性

社会化思维在一定意义上体现的就是网状思维，思想政治教育价值传播的互联网思维，既突出了互联网作为媒介网络把教育客体从空间隔离中解放出来的网络特性，又在一定程度上引领了教育客体在现实生活中因人际交往而形成的社会化"网络"。正如马克思所指出的："人的本质不是单个人所固有的抽象物，在其现实性上，它是一切社会关系的总和。"新时期思想政治教育的价值传播，必须兼顾网络空间与现实生活两大场域，既要充分发挥传统思想政治教育价值传播优势，又要科学面对以互联网为代表的新兴媒体构成的新型阵地，将教育主体、教育客体以及其他网络行为参与者有机结合起来。这改变了传统思想政治教育过程中教育主体与教育客体通过教育介体（主要是教育内容和教育方法）形成的单向价值传播模式，形成了三元并进的思想政治教育工作新格局。换句话来说，新时期的思想政治教育不仅仅是教育主

体与教育客体之间的单向价值传播模式，而是时刻都会有似乎不相干的"第三方"提供相关的教育内容与教育方法来"搅局"，教育主体要想把思想政治教育的价值顺利传递给教育客体并促使他们认同、接受与践行的话，不仅仅要关注教育客体的接受状况，还要时刻警惕和研究第三方"搅局"对思想政治教育价值传播可能造成的负面影响。新时期思想政治教育价值传播的互联网思维，要求深入研究以互联网为代表的新兴媒体给思想政治教育价值传播工作格局带来的深刻变化，从系统论和网络化的维度加强与改进思想政治教育价值传播模式。

（三）互联网思维是一种跨界思维，强化了思想政治教育价值传播的公共性

以互联网为代表的新兴媒体构成了思想政治教育价值传播的新场域，打破了传统思想政治教育价值传播的时空界限，将思想政治教育价值传播活动引向更为广阔的公共领域，而不是仅仅局限于学校、课堂，甚至不仅仅是现实生活空间，还渗透进网络虚拟空间。新时期思想政治教育价值传播中强化互联网思维，就是要转变传统的时空观念，不断消除传统思想政治教育价值传播的壁垒空间，在跨界思维中深入研究思想政治教育资源优化组合的方法论维度，充分研究借助以互联网为代表的新兴媒体对教育客体进行价值引领与行为优化的科学路径，既要消除思想政治教育价值的隐蔽性与排他性，又要通过广泛的思想交流与讨论对话不断提升思想政治教育主导性价值的话语权与引领力，从而不断塑造教育客体的思维方式与行为方式，在强化思想政治教育公共性过程中优化思想政治教育的生态环境，进而持续实现思想政治教育的价值。

二、互联网思维给思想政治教育价值传播带来的主要挑战

思想政治教育系统是由教育主体、教育客体、教育介体和教育环体等要素相互联系、相互作用构成的。以互联网为代表的新兴媒体的迅猛发展，在形塑现代人生存方式的同时，作为思想政治教育的新型介体，冲击了传统的思想政治教育生态系统与发展秩序，在一定程度上优化了教育主体的教育理念，改变了教育客体的心理习惯，拓展了教育环体的传播空间。一句话，它完善与重构了整个思想政治教育价值传播系统。有学者指出："有了电视直播与互联网的即时提供，人们改变了对时效的期待与体验标准，因而，报纸失去了曾经快速信息源的地位。微信的兴起，人与人的关系重新进行了构建，使得几乎每一个人都可以在微信平台上构建虚拟组织，都可以一对一或一对

多地传播思想、表达观点，从而使每一个人都有着更便利、更高效、更强大的社会活动能力。"这段话语较为形象生动地阐述了以互联网为代表的新兴媒体给现代人的社会生活带来的新变化。从思想政治教育价值传播系统来看，无论是思想政治教育的主体或教育客体，还是没有明确目的的"第三方"，都必须直面以互联网为代表的新兴媒体给思想政治教育价值传播带来的新挑战，确立与时代相适应的互联网思维。

（一）互联网思维要求思想政治教育主体必须不断优化教育理念

与传统思想政治教育系统中各要素的存在状态相比，新时期思想政治教育的主体与客体几乎都广泛使用互联网，借助互联网他们随时可以捕捉自己认为有价值的信息。这些信息既形塑着人们的生活方式与行为习惯，也对思想政治教育主体与客体的思维方式和行为方式提出了新的要求。因此，思想政治教育主体要熟悉网络文化所特有的生动性、平等参与性等特征，使自己的教育理念对教育客体具有吸引力和亲合力，并且能够对他们的日常生活形成全面的渗透和影响。因此，教育主体必须摒弃"前喻文化"的教育理念，深入研究教育客体的需求行为、需求心理，从而将社会主流价值观以最优化的方式切入到教育客体的网络化生存中去。思想政治教育主体要强化互联网思维，就是要清晰、系统地判断教育客体的精神发展与成长需求，积极引领和强化他们的兴趣交集点、行为与心理发展的科学化方向，进而在这个瞬息万变的互联网时代，寻找到促进教育客体健康发展的科学方向。教育主体忽视互联网思维对教育理念变革提出的新要求，就很难把握教育客体的需求行为与需求心理，也就很难对教育客体的健康发展真正起到价值引领与行为引导的作用。

（二）互联网思维要求思想政治教育客体应当调整心理习惯

在现实社会生活中，"文化的交流、交融、交锋无时不在，软实力的竞争和价值观的较量愈演愈烈。不少国家竭力抢占价值观的制高点，鼓吹自己价值观的普世意义；不少文化体系着力于话语权之争，意图掌控价值观领域相应核心概念、范畴的定义权；不少具有鲜明意识形态色彩的理论学说纷纷假以学术的面目行销全球"。社会思潮的多元化传播，难免给人的精神生活带来喧嚣与困惑，思想政治教育客体在网络化生存与现实生活中难免会产生一定程度的浮躁与焦虑，思想政治教育价值传播的互联网思维，就是要借助以互联网为代表的新兴媒体，不断阐述社会主流价值观对教育客体追求健康发展的科学意义，帮助他们纠正思想和行为中的"傲慢与偏见"，科学回应网络中出现的所谓"物化生存、精神懈怠"现象，在马克思主义指导下以科学的价值理念引导与重构教育客体的精神家园，为教育客体在网络空间和现实生活的健康发展提供丰富的精神营养与理念支撑，进而不断调整与优化教育主体和教育客体之间的关系，不断对思想政治教育的科学性、价值性进行新的解读。从教育客体的维度看，"移动互联网显然不止是一种新的传播工具、传播平台，一定还包括新的影响逻辑与生存逻辑，正在形成新的生存规则"。思想政治教育客体在理解、认同与接受社会主流价值观的同时，也要在学习与生活中关注以互联网为代表的新兴媒体的科学运用，在网络化生存中努力提升思维方式与行为方式的科学性，并把它转化为良好的心理习惯。

（三）互联网思维要求思想政治教育环体持续改变介入方式

以互联网为代表的新兴媒体的迅猛发展，拓展与创新了思想政治教育环体介入价值传播的方式，为运用新的科学技术开展思想政治教育奠定了良好的物质基础。与思想政治教育的传统环体相比，新时期的思想政治教育主要是借助以互联网为代表的新兴媒体平台，公开传播正能量以实现教育价值。它欢迎所有网络参与方进行讨论与对话，并通过系统梳理将思想政治教育的主导性内容与最新理论成果在网络空间持续产品化、资源化，不断实现价值传播、行为引领的个体化、针对性。这样的思想政治教育环体再也不是壁垒森严的"独幕剧舞台"，而是所有网络空间参与者的"大合唱平台"。它一方面有利于激发教育主体更加积极地创造与开发新的思想政治教育内容，创新传播形式，从而不断向实现思想政治教育全员育人、全方位育人、全过程育人的工作格局迈进；另一方面，教育客体是以平等身份参与以互联网为代表的新兴媒体平台上的思想政治教育活动的，在某种意义上说，每个网络参与者都是一个信息发布方与价值辐射源，可以充分吸收、利用与传播自己认同的价值理念，甚至不受传统权威思想的约束与控制，而传统意义上的信息"把关人"或者"价值观过滤者"失去了应有的切入平台。新时期思想政治教育的环体建设，要求教育主体必须高度重视以互联网为代表的新兴媒体在思想政治教育价值传播中的独特影响，不断推进思想政治教育的内容共享与协同创新，不断提升大学生心理与行为需求的满足感与幸福感，通过积极传播正能量来实现"东风压倒西风"，使教育客体在网络空间与现实生活中不断进行价值比较和行为鉴别，在比较鉴别的基础上促进理性高尚的思维方式与行为方式的不断生成。

三、思想政治教育价值传播中互联网思维的强化理路

在网络舆论工作格局调整与社会舆论生态发生重大变化的社会历史境遇

下，思想政治教育活动的开展，既要高度重视传统思想政治教育的价值传播优势，也必须强化互联网思维，以符合教育客体健康成长规律的网络传播手段强化思想政治教育主导性内容的引领与贯彻落实，用社会主流价值观去引领与整合受教育者的思维方式和行为方式，而且这种引领与整合应当是系统的、全面的、权威的，使受教育者在接受思想教育主导性内容和价值传播的过程中，不断将其内化为科学的理想信念和价值判断，外化为良好的行为方式，从而实现思想政治教育的育人价值。当前，在思想政治教育价值传播中强化互联网思维，就是要强化网络价值传播的资源意识，持续营造积极健康的议题话语，清晰界定与规范网络传播的底线，在优化网络参与者的信息素养与净化网络传播内容的过程中持续实现思想政治教育的价值。

（一）思想政治教育价值传播的互联网思维，必须强化网络价值传播的资源意识

由于网络信息的海量性、开放性和即时性，许多网络活动参与者没有网络开发与战略整合意识，导致在以互联网为代表的新兴媒体的传播空间与传播平台中，大量的思想政治教育资源得不到有效开发，浪费了大量的人力物力，思想政治教育的价值传播效果得不到有效提升。思想政治教育不仅仅需要将马克思主义中国化的最新理论成果借助以互联网为代表的新兴媒体融入教育内容之中，更重要的是融入形式、结构、理念要符合思想政治教育的价值传播规律与受教育者的心理接受规律。因此，思想政治教育价值传播的互联网思维，强调利用以互联网为代表的新兴媒体进一步增强思想政治教育资源开发意识，把马克思主义中国化的最新理论成果与新媒体技术以及受教育者的发展需求有机结合起来，以新的价值传播方式与服务理念激起广大受众的情感体验与生活实践，进而引导教育客体对所传播的价值理念的理解、认同和践行。因此，思想政治教育价值传播的互联网思维，要求在以互联网为代表的新兴媒体的传播空间与传播平台中，紧密围绕"培养什么人，如何培养人"的战略任务，深入研究传统载体与新兴载体的融合、受教育者的发展需求，对思想政治教育资源开展战略性整合，持续强化价值传播的资源意识，不断提高思想政治教育资源的投入产出之比，从而在改变受教育者的思维方式和行为方式的过程中，不断实现思想政治教育的独特价值。

（二）思想政治教育价值传播的互联网思维，必须持续营造积极健康的议题话语

传统思想政治教育的价值传播模式主要依靠教育主体在课堂、教材以及其他纸质媒体、平面媒体上传播社会主流价值观，这种价值传播模式是典型

的自上而下的单向价值传播模式，受教育者由于缺乏反馈与发声的机会，渐渐地对这种价值传播模式失去兴趣，进而导致这种价值传播模式的魅力正逐渐被弱化、淡化。思想政治教育价值传播的互联网思维，则强调利用声音、符号、文字、图像等综合方式传播社会主流价值观，是一种双向互动的价值传播过程，教育主体与教育客体以及其他受众可以互为主客体，通过以互联网为代表的新兴媒体进行双向互动，在积极参与对话与讨论中形成强大的凝聚力和舆论场。毫无疑问，这种价值传播模式在现代社会是广受欢迎的。但是，思想政治教育借助以互联网为代表的新兴媒体进行价值传播的过程中，每个人都是信息发布方与价值辐射源，难免会出现传播内容良莠不齐、价值观念碎片多元的现象。因此，思想政治教育主体必须时刻关注网络舆论生态的发展变化，利用以互联网为代表的新兴媒体积极传播社会主流价值观，不断设置积极健康议题与主流话语，不断创作与传播社会主义主流价值观的"红段子"，将社会主流意识形态话语多维嵌入新兴媒体传播平台中，用积极健康的议题话语引导受教育者的价值取向，不断传播正能量。

（三）思想政治教育价值传播的互联网思维，必须清晰界定与规范网络传播的底线

以互联网为代表的新兴媒体的广泛使用，一方面意味着思想政治教育主体的话语权面临持续被削弱甚至被消解的境况，另一方面也意味着教育客体对思想政治教育实践活动的高度参与。为了提升受教育者利用以互联网为代表的新兴媒体积极参与传播社会主流价值观，有必要清晰界定与规范网络传播的基本底线。有学者指出："随着全球化、符号经济及现代传媒技术的进一步发展，大众文化消费在整个社会生活中的地位会更加突出，在意识形态方面发挥的作用也会越来越大。"以互联网为代表的新兴媒体在意识形态方面的功能越来越大，甚至影响到思想政治教育价值传播的主流渠道，因此，有必要对以互联网为代表的新兴媒体的传播空间与传播平台进行规范管理，清晰界定其价值传播的基本底线。同时，思想政治教育主体要通过以互联网为代表的新兴媒体，积极引导广大受众自觉坚守社会主义意识形态底线，不断增强网络自律意识和责任意识，抵制各种庸俗、媚俗与恶俗的价值理念，不断净化网络环境、优化网络秩序，不断强化思想政治教育价值传播的学理支撑和精神凝聚力，在网络空间积极弘扬真善美、鞭挞假恶丑，积极引导受教育者培育和践行社会主义核心价值观，形成良好的网络舆论氛围。同时，思想政治教育主体与广大受众一起深入研究思想政治教育的网络风险预警与干预机制，鼓励广大受众对舆论暗流与信息风险进行预防遏制，不断增强受教

者对非马克思主义乃至反马克思主义价值观的免疫力，降低思想政治教育的价值传播风险，从而在以互联网为代表的新兴媒体的科学运用中守住价值传播的基本底线。

第四节　互联网思维下大学生个性化思想政治教育路径探索

中国的高等教育已经进入了大众化时代，然而中华民族复兴的重任要求高等教育需要培养高质量的人才，而思想政治教育是高校教育的重要组成部分，是大学生就业软实力的重要保障。在此大背景下，思想政治教育的个性化的研究如雨后春笋，尽管目前个性化教育的模式和内涵研究成果较多，但是往往实际操作性不强，或者仅从本学校出发构建，难以推广。2010 年以后，由于移动互联的影响和 WEB3.0 的出现，95 后的大学生的个性化特点彰显，独立性也较强，这种情况导致思想政治教育的实效性难以提高，而个性化的思想政治教育呼声也越来越高，思想政治教育既需要多方面协同合作，也不能一蹴而就，需要用系统性的思维考虑，互联网思维是一种系统性的思维，这种思维不仅仅在商业上应用较广，而且在李克强总理报告中也提高了互联网＋战略，互联网思维是一种全局思维，高校思想政治教育需要这样的系统思维进行统筹，个性化的思想政治教育模式同样离不开互联网思维的顶层设计。

一、个性化思想政治教育的基本形式

个性化思想政治教育并不局限于一对一教育，目前个性化思想政治教育的对象基本局限于学业困难、心理困难家庭经济困难就业困难或者有特殊专长的这样的特殊群体，或者从另外一个层次来说，个性化教育往往是针对特殊群体的，有异常行为或者是特长发展的来进行引导，然而这部分学生最多占到学生比例的 30%，还有另外接近 70% 的学生无法进行个性化思想政治教育。对另外 70% 的学生也进行个性化教育才真正称得上是个性化教育，个性化教育必须要有自主性，然而目前的个性化教育都没有强调主体的能动性，往往是被动接受学校设计的方案，没有自主性的思想政治教育不是个性化思想政治教育。

目前基于互联网思维的思想政治教育，往往就是搭建网络平台，目前网络平台已经进入到 web3.0 时代，网络平台的形式也是不断变化，从最初的校园 BBS 到各种贴吧、SNS 及脸谱、微信公众平台等交互性较强的互联网媒介，搭建网络平台的目的往往是想把学生吸引到平台里面，参与平台设计的各种

活动。然而无论是哪种网络平台其吸引力和凝聚力远不如目前比较流行的贴吧，微信等，而这些网络组织是没有界限的，校园的网络组织渐渐被吸引力更强的社会网络组织所代替，这种情况下个性化思想政治教育的实效性往往会比较低。

二、路径探索

（一）组织路径

马克思主义理论指出生产力决定生成关系。如果把高校看成是生成人才的工厂，那么生产力就是目前的教学组织手段。移动互联背景下，教学手段的不断更新引起了生产关系即老师和学生的关系发生了变化。这一变化是传统的思想政治教育实效性降低的主要原因。在高校，毕竟教学是第一位的，生产力的变化会导致生产关系的变化，因而新的背景下，师生关系的变化必须要有其他组织的互补才可以。

一方面，个体大学生离不开学生组织，若是没有学生组织中的合作和互相支持，不可能提高自己，另外一方面，大学生需要学生组织，只有在学生组织中，才会遵守共同的行为准则，因此引导和搭建健康的学生组织是提高学生整体素质的重要抓手。尽管目前高校都是以班级为单位，班级人数只有小于 20 才可能真正发挥出组织平台的作用，但是现在班级的人数往往是超过了 30 甚至 40 人，这种情况下，无论怎么建设班集体，都不会有好的效果。除了班集体，学生、各种社团就是目前学生的另外一个小组织，而这些小组织的凝聚性普遍要比班集体的凝聚性要强，加强学生组织建设是一项重要的内容，引导学生积极加入适合自己的学生组织。在组织的成长下不断成长，从而实现个性化的教育。

移动互联背景下，每个学生都是物联网的一个终端，每天都会产生大量的信息，如 0Q 聊天、微信推送应用程序的使用等

（二）家庭路径（家庭动力系统）

大学生尽管是离开父母，但是家庭的概念仍是不可忽视，而且往往是个性化教育的第一路径，家庭是学生的第一组织，大学并不是封闭的教育，学生的组织也不必完全封闭在校园内。家庭组织的好坏对学生遵守其他组织有着重要的作用，如果第一组织适应不好，后面的组织中，也不可能很好地进行角色平衡。高校并不是提出个性化教育的始点，有的高校在新生开学或者一些特殊的时段会邀请学生家长来进行交流，这是一个非常好的做法，从某

种意义上来讲，学校只是代家长来教育孩子，学校在了解学生这一方面远远不如家长，个性化教育必然离不开家长，否则也只是一个空谈，也不是真正意义上的个性化教育。尽管目前 95 后的大学生个性彰显，但是调查显示，仍有近 70% 的学生是家里的第一代大学生，他们的身上承载着家庭的期望，家庭的激励远比学校的激励效果好很多。

在新生始业教育中，多增加家庭的元素，班主任、辅导员在了解一个学生的时候要多从家庭角度出发而不能仅从学业或是学校表现上来了解，学生不是孤立的个体，只有把学生个体放在家庭的整体环境中去了解，才能真正走进学生的内向，了解学生的基本情况。

（三）社会路径

如果说高中以前还是封闭在学校里面，大学往往是开始主动去接触社会，大学生走出校园，进入社会的某个社会组织，比如兼职、实习、交流等，要进行引导和搭建这样的平台，学生往往不知道该从事哪种活动，引导学生自主选择。学校应该重点搭建两种社会路径的平台，首先是社会；实践，现在有的高校要求社会实践不只是暑期进行，而且贯穿整个学习周期，学分化管理、团队化运作。社会实践一方面可以让学生主动去接触社会，另外团队化运作还能提高学生的团队合作能力。搭建多种多样的社会实践平台，让每一位学生根据自己的特点进行针对性的自由选择。其次，搭建各种专业实训的平台实训基地不能全部建在学校，而要依托创业园、企业，让学生走进企业，在真实的环境中磨砺成长。

（四）学校路径

高校思想政治教育不同一般的教学，但是又不能脱离教学，必须和教学紧紧结合，通过整合目前的教学资源平台和校园媒体的优势资源相结合，利用互联网技术，改造目前所有的网络，实现移动互联的功能并增加卓越的用户体验。充分利用新媒体的最新技术，及时向学生进行传递正能量教育。

高校思想政治教育工作是一项长期性、系统性极强的工作，需要渗透到方方面面，思想政治教育由于其理论性，必须要和具体事务性工作；相结合才会有实效性，才会被学生所接受，开展个性化思想政治教育是时代赋予的使命，在促进学生个性发展上面需要进行不断引导和渗透，确保思想政治教育的话语权。以互联网的系统思维为引导，从组织、家庭、高校、社会四个路径进行分析，不断提高个性化思想政治教育的实效性。

第六章 大学生思想政治教育核心与模式

第一节 大学生思想政治教育的核心

一、社会主义市场经济条件下思想观念的特征

现在，我国已经进入由计划经济体制向市场经济体制转轨后的完善时期。市场经济体制下，经济主体和利益主体不断多元化，这是人类社会发展不可逾越的阶段。改革开放以来，我国的思想观念由自闭型向开放型转变，思想自由化程度提高，人们推崇个性解放和张扬，主要体现在以下几个方面：

（一）多元化

现时思想观念的多元倾向首先来自于市场经济的生活模式对计划经济时期生活模式的全面而深刻的冲击和否定。与过去传统的计划经济明显不同，当代中国经济成分和利益主体的多元化，社会生活的多元化，社会组织形式的多元化，就业岗位和就业形势的多元化，不能不对每个人的思想观念产生影响。其次，市场具有开放性，这种开放不仅局限于经济领域，而且也涉及思想领域，所以，外来文化的大规模涌入，开阔了国人的视野，增加了选择的对象，特别是西方文化中那种浓厚的个人自由观念，契合了此时我国思想文化中滋生着的反对尚同和盲从的倾向，更是得到人们广泛的认同。面对纷繁复杂的思想观念，人们特别是青少年学生将何去何从，吸取什么，抛弃什么，如果没有坚定的思想观念，正确的理想信念，就不能运用马克思主义理论观察和分析纷繁芜杂的社会现象，也缺乏为国家发展做贡献的远大目标和应有的社会责任。尽管多元化是一种必然，一种潮流，但我们也应寻求多元平衡中的一元，引导多元化向正确的方向和谐发展。

（二）功利化

功利化即功利价值倾向日益明显化。所谓功利价值是指各种事物和对象对主体的感性物质生活需要的满足状态，一般用利益、效益、效用、效率、利害等来标识。功利价值普遍存在于物质生活领域和经济生活领域之中，它直接表现着具体的人和群体与对象事物的依赖和利用关系，它表现着人在社会生活中利用一切对象为自己服务的基本倾向。但是在相当长的一个历史时期内，自给自足的经济模式使得人们只看到消费对生产的否定作用，而忽视消费对生产的推动作用，从而生产效率低下，产品匮乏，只能采取限制消费贬抑物质生活需要的政策来缓和矛盾。随着市场经济模式的建立，人们开始用一种冷静而客观的眼光看待一切。一方面功利价值的重要性突出出来，看到了物质利益对人们潜力的激发作用和对生产的推动作用"，耻言利"变成"勇言利"，这的确给中国带来了突飞猛进的发展和日新月异的变化，人民的生活水平和质量都有了明显提高，积极性和创造性高涨；而另一方面也出现了"一切向钱看"的狭隘功利主义思潮，人们的良心在商品、货币的利诱下被泯灭，特别是青少年学生在这种思潮的影响下，追名逐利，表现出实用化、功利化、拜金主义的倾向，金钱成了他们选择职业的标准、指引人生价值的航标。

（三）个性化

个性化即个人主体意识的普遍觉醒。市场经济是一种自主经营、自负盈亏、自我约束和自我发展的经济运行机制。这一机制决定了社会个体经济在经济运行中必然克服自然经济条件下的那种依赖性和主动性，强调以个人的存在和发展为出发点，强调个人主观能动性的发挥，强调个人在群体及社会中的地位和价值，强调个人权利、权益的维护，这必然唤醒了个人主体意识。这是人的一次大解放，也是社会能量的一次大释放。但是，个性自由发展到极致，不免有"个人主义"和"极端利己"主义的滋生。尤其是目前中国独生子女增多，孩子成为家庭的中心，客观上也助长了其以个人为中心，缺乏团结互助意识和对社会的责任感。毫无疑问，我们思想生活领域出现的多元化、功利化和个性化倾向，有其产生发展的历史必然性，因而有其积极影响。但同时我们也切身感受到了它产生的负效应：在纷杂的思想中失去路标，对共产主义的理想信念，对个人价值——度过有意义的一生的理想追求产生怀疑。一些人认为人生苦短，何不逍遥自在地享乐，追求物质生活的奢华，忽视精神生活的愉悦。这就对当前的思想政治教育工作提出了艰巨的任务，也是政治工作者不可推卸的责任。

二、理想信念教育是思想政治教育的核心

思想政治教育是指社会或社会群体用一定的思想观念、政治观点、道德规范，对其成员施加有用的、有计划的、有组织的影响，使他们形成符合一定社会要求的思想品质的社会实践活动。

理想信念是人们对未来的向往和追求，是其世界观和政治立场在奋斗目标上的集中体现，是确立人生价值的最高准则。理想源于现实又高于现实，科学的理想是建立在对客观规律正确认识基础上的，高度凝聚了人们对真善美的自觉追求，对于某种真理和实践相统一正确性的价值认同。信念是人们对某种思想理论、理想、美好未来的深信不疑并把它奉为行为准则，以坚强的意志和决心并锲而不舍地去实践、去追求的一种稳定而持久的精神状态。理想与信念辩证统一，相辅相成：理想以信念为支撑，理想的追求和实现体现并折射着信念的坚定；信念以理想为方向和内容，有什么样的理想就有什么样的信念，只有对理想的坚信才有对信念的坚定。理想信念一旦形成，就成为支配人们行动的持久的精神动力。

青年学生的大学阶段，是人生中物质需求和精神需求的高峰时期，有没有向往和追求，用什么样的思想和原则指导自己的向往和追求，向往什么和追求什么，以及是不是把这种追求体现在日常行为之中，这将深深地影响着他们的人生轨迹和后来的成就。因此，从思想政治教育的根本任务要求和理想信念对大学生成长的作用两方面考虑，大学生思想政治教育必须以理想信念教育为核心。

《中共中央国务院关于进一步加强和改进大学生思想政治教育的意见》明确指出，加强和改进大学生思想政治教育的主要任务是以理想信念教育为核心，深入进行树立正确的世界观、人生观和价值观教育；以爱国主义教育为重点，深入进行弘扬和培育民族精神教育；以基本道德规范为基础，深入进行弘扬公民道德教育；以大学生的全面发展为目标，深入进行素质教育。因此，我们必须重视理想信念的重要作用，坚持以理想信念教育为核心，不断加强和改进大学生思想政治教育。

由此可以看出，理想信念是人生的航标，思想政治教育的主体和客体都是人，而主客体矛盾的核心就是解决人们"做什么，怎样做才能符合社会主义社会所要求的思想观念、政治理想和高尚的道德情操、良好的心理素质"的问题，而解决这一问题的核心，就是树立正确崇高的理想信念，它会指引我们应该"做什么"，"怎样做"，并为此提供不竭的动力源泉，不畏艰难困苦，无视各种思想的诱惑，披荆斩棘向理想的彼岸前进。因而理想信念教育在思

想政治教育的各环节中都有灵魂统帅的作用。同时理想信念教育还具有渗透性和扩散性，从而影响到其他的教育环节，以使教育对象更容易接受正确的思想观念。

三、大学生理想信念教育的现实意义

在高校党的建设中，思想建设是整个党的建设工作的首要任务，其中以理想信念教育是思想建设的重点，也是落实立德树人根本任务，进一步推进大学生思想政治教育，培育和践行社会主义核心价值观的必需。党的十八大报告提出："坚定理想信念，坚守共产党人的精神追求。要广泛开展理想信念教育，把广大人民团结凝聚在中国特色社会主义伟大旗帜之下"。习近平总书记在同各界优秀青年代表座谈时也曾明确指出："广大青年一定要坚定理想信念。功崇惟志，业广惟勤。理想指引人生方向，信念决定事业成败。没有理想信念，就会导致精神上缺钙"。可见，理想信念教育在党的建设和青年一代的成长成才中起着至关重要的作用。我们的大学生，其理想信念如何，政治思想观念怎样，直接关系到他们今后做什么人，走什么路，更直接关系到党的事业和社会主义建设的兴衰成败。当今世界纷繁复杂，西方文化思潮不断涌入，社会价值观念越发多元，凡此种种，极易造成信念的缺失、理想的滑坡。对于大学生来说，如果没有坚定的理想信念，其成长的正确方向就无法保证，也更无从谈起将来肩负党和人民赋予的历史使命。作为教育工作者，我们有责任、有义务引导青年学生们树立远大理想，在日常学习、工作和生活的点滴实践中将理想信念根植于心，外化于行，时刻把对未来的不懈追求和人生价值的实现融入到为国家和民族事业的不懈奋斗之中。

四、坚持理想信念教育在大学生思想政治教育中的核心地位要把握好几对关系

理想信念教育在大学生思想政治教育中居于核心地位，而要坚持其核心地位，首要的是引导学生正确处理好几种基本关系。

（一）引导学生正确把握个人与社会的关系

理想信念涉及社会生活的所有领域，也贯穿于大学生学习、生活的所有方面，从内容上可以归为个人理想信念和社会理想信念两大类型。社会理想信念与个人理想信念是辩证统一的。社会理想能给个人以坚定的信念，明确的方向和巨大的精神力量，促进个人理想的实现。而社会理想又必须植根于

个人理想，归根到底要靠每个成员为实现个人理想而进行的实践。但是，在相当长一个时期里我们往往重视社会政治理想教育和社会主义道德理想信念教育，忽视了职业理想和生活理想等个人层面的理想追求。现在大学生中一些人个人喜好的偏执和对自我利益的过分追求，使得他们往往倾向于夸大个人与社会之间的对立和冲突，而对个人理想和社会理想之间的相互依存、密切联系的认识不足。更加注重个人专业学习、自我发展、自我实现，对自己应当承担的社会责任关心不够。所以，大学生理想信念教育，要从引导大学生正确把握个人与社会关系出发，教育引导大学生从树立个人理想开始逐步内化社会理想，用社会理想来引领和整合个人理想，在实现社会理想的过程中实现个人理想，在实现个人理想的过程中推动整个社会理想的实现。

（二）引导学生把握好确立理想信念与实践理想信念的关系

理想形成是知、情、意、信、行的培养过程。在一定认识基础上，在感情和意志的驱动下，体现着最高价值目标的理想逐渐转化为人们内心确定和秉持的信念，最后付诸行动转化为实践活动，这是理想信念形成和实现的过程。理想信念教育应遵循这一规律，完成知、情、意、信，尤其最后到行的转化。任何理想都不是凭空产生的，树立理想信念首先要提高理论认识，这是理想信念教育的基础。情感是理想形成的动力因素，理想信念教育要激发大学生树立理想并为理想而奋斗的热情。在理想信念教育过程中，还要注重对克服困难和排除障碍的毅力的锻炼的教育，这是理想形成并发挥作用的重要条件。理想信念是深刻的认识、强烈的感情、顽强的意志的统一，并最终要外化为个人行为和实践。因此，对大学生进行理想信念教育时，不仅要重视理想信念的确立，更要引导大学生将正确的理想信念外化为自身的行动与实践活动，按照提高认识、陶冶情感、锻炼意志、坚定信念和开展实践来坚定和完善自身的理想信念体系。

（三）引导学生把握好长期理想与近期目标的关系

从理想的时序上划分，理想信念有长远理想和近期理想。长远的理想是起长久作用的目标，为社会和个人在每一阶段的具体目标提供更持久的动力和明确的方向。在为实现理想目标而努力奋斗的过程中，往往会遇到曲折，如果没有一个长远的理想信念作为奋进的动力，就容易在挫折面前望而却步，丧失信心和斗志；也容易在暂时取得阶段性胜利时候被喜悦冲昏头脑，骄傲自满，止步不前，而不会实现对现实的超越。但是长远理想的实现需要经过一个个具体理想的实现而实现，只有不断树立近期理想，才能一步一步向长远理想迈进。因此，对大学生进行理想信念教育时，不能只从高处远处着眼，而应对学生当前发展目标及其实现给予关注和引导，既谈长远理想也强调近期目标，把两者有机地统一起来。

五、如何加强大学生理想信念教育

（一）必须注重理论灌输

大学生的理想信念出现的问题，大致有两个方面的原因：一是绝大多数学生对马克思主义基本原理、对中国特色社会主义理论和党的优良传统等缺乏系统学习和深入了解。虽然近些年，高校致力于邓小平理论、"三个代表"重要思想、科学发展观、中国梦重要论述等的"入教材、入课堂、入学生头脑"的"三进"工作，也取得一定的成效，但是学生并没有真正理解和掌握理论的科学实质。如果对党的理论知识缺乏科学认知，就会导致对共产主义和中国特色社会主义的信仰缺乏根基，就很难经受住各种腐朽思想的冲击和侵蚀。二是我国社会现存的一些尚未得到很好解决的深层次理论问题、不良现象等现实问题，容易使大学生产生思想疑惑甚至是情绪抵触，进而导致信念动摇。因此，积极引导大学生用马克思主义的立场观点方法正确分析和处理现实中存在的问题是加强大学生理想信念教育，培养树立中国特色社会主义核心价值观的金钥匙。

首先，坚持教学内容的与时俱进。用科学知识武装人，用科学理论指导人，一直是我党培育新人的重要指导思想。为此，坚持用完备的、科学的、发展的、可持续的理论知识学习来坚定大学生的共产主义理想信念是高校思想政治教育的首要之举。学校要通过正式的理论学习教材和根据党章、时事变化及时更新的教材，对大学生进行系统的理论灌输。教育过程中侧重以党章为蓝本，从理论讲授到实践锻炼，由浅入深，注重教育的实效性。其次，要做到教学目标明确具体。着重引导学生掌握马克思主义的立场、观点、方法，能够探讨和回答社会前沿问题和深层次问题，能够讲清楚共产主义理想与党在社会主义初级阶段的方针政策之间的关系，使学生明确社会主义的先进性，认识共产主义的曲折性，从而将个人理想信念定位在人类社会历史发展的大趋势上，定位在党的最终奋斗目标上。在人生观、价值观教育中，使学生懂得为人民服务的人生观才是科学的人生观和价值观。在信念教育中，要告诫学生信念是统帅人们灵魂的精神支柱，是强大的精神动力。要以服务社会，服务全人类的共同事业作为共产主义远大理想。当一个人向着目标迈进的时候，应当笔直地朝前望，对理想的追求要执着而坚定。再次，要做到教学环节突出实践。学校的社会实践应当引导大学生融入校内外基层党组织，广泛参与基层党组织的党建活动，向身边的优秀党员和先进典型学习。同时，利用课余时间组织学生收看党史录像片、专家讲座等，增强理想信念教育的吸引力和感召力。

（二）突出教育的针对性

理想信念教育注重针对性可以使教育效果更加明显，学生思想教育"动机和时机"是重点，"导向和形象"是关键。从目前情况看，高校越来越多的青年学生向党组织递交了入党申请书，要求参加业余党校学习的学生非常踊跃。面对这种现象我们不能盲目乐观，在高校中有相当一部分学生的入党动机是存在问题的。"我是否要入党？我入党到底为了什么？"是很多同学发出的疑问。认为"要先从行动上入党，再在思想上入党"，"因为信仰共产主义而入党"的学生并不多，他们不是认识不到位就是认为这很虚伪，有的同学甚至说："能够成为党员就是觉得很荣耀，在同学面前有面子。入党之后只要尽力多做些力所能及的事情，少发些牢骚就是一个好党员了！"由此能够看出他们心中政治信仰的迷惘和理想信念的模糊。另外，就业难所造成的现实压力，使部分大学生入党动机趋于功利化。这些思想动态是我们在理想信念教育当中不易察觉到的，从而影响了教育针对性作用的发挥。实现理想信念教育的针对性要注意抓好特定时机的特定教育是一个重要补充。一是抓好新生党的基础知识培训。各总支、支部可以开辟专门时间为新生讲党课，进行入党启蒙教育。二是利用各种纪念日组织活动。比如，3月5日的学雷锋搞奉献活动，培养学生服务社会，服务人民的思想；4月5日的祭扫烈士墓活动，对学生进行爱国主义和革命英雄主义教育等等。三是强化牢记誓言教育，通过庄严的入党宣誓仪式教育学生党员牢记誓言，保持共产党员先进性。四是重视毕业生的离校教育，积极开展感恩活动、优秀毕业生事迹报告会、实习总结会等，提出希望和要求，让学生带着学校嘱托、带着感悟走向社会。

（三）做到理论与实践相结合

理想信念教育既是一个理论问题，又是一个实践问题。社会实践是理想信念形成的最深刻、最有效的基础，理想信念的性质、坚定性、稳定性以及形成的条件、建立的方式等等，都与社会实践的具体状况息息相关。大学生们只有通过扎扎实实的社会实践活动，才能在实际历练中提升运用正确的理论观点、方法分析和解决实际问题的能力，才能充分认识党的基本路线、方针、政策的正确性和科学性，也才能真切地体会到肩负的历史使命和责任，从而达到认识自我，锻炼自我，提高自我，完善自我的目的。

在教育活动中要注重以学生成长成才为目标，抓载体，重参与，以点带面，务求实效。例如，很多高校都在搞的"一帮一"育人工程，不单单是让贫困生感到受助的温暖，很大程度上更是教育影响了全体学生，特别是学生党员和党外积极分子同学。他们在活动中付出的是真诚的资助与关爱，发挥出的是模范带头作用，感受到的是自我价值实现的快乐和满足。除了"一帮一"育人工程，我们还可以紧跟社会形势、围绕学校中心工作、结合学生专业特点等开展一些校内外互联互动、喜闻乐见的活动，丰富理想信念教育的有利平台，不断拓宽大学生思想政治教育渠道。

（四）加强思政人员队伍建设

《意见》中指出，思想政治教育工作队伍是加强和改进大学生思想政治教育的组织保证。做好大学生思想政治教育工作，高校必须突出全员参与、全员育人。学校的组宣工团干部、两课教师，辅导员和班主任以及所有从事大学生思想政治教育的人员，都要增强做好思想政治教育工作的责任意识，在具体工作中练就开展思想政治教育工作的综合本领，提升能力水平。

要建立相对稳定的培训进修机制和工作考核奖励制度。一方面，从学生工作的实际出发，合理制订培养规划，有计划、有步骤地安排各种形式的岗前培训、在岗培训、日常培训、专题培训等，构建融教学、科研、实践交流于一体的多层次、多渠道的培训体系。培训可采取走出去、引进来的办法，增强校际间的学习交流，吸收借鉴优秀的教育研究成果，不断创新培训内容和模式。同时，还要有侧重地加大对教育学、心理学、美学等方面的培训力度，使这支队伍能够精通思想政治教育规律，熟练掌握思想政治教育工作的方式方法，因地制宜、因材施教。另一方面，要制定思想政治教育工作考核与评估细则。从政治素质、理论水平、业务能力、工作实绩等方面进行动态评估，评估结果与职务聘任、职称晋级、奖励表彰等挂钩，奖优罚劣，切实发挥激励作用，让想干事、能干事、干成事的思想政治工作者获得成就感。

总之，大学生思想政治教育工作是一个春风化雨、沁人心骨、养人心志的育人过程，在这一过程中，理想信念教育承担着动力源、加油站的重要作用。作为教育工作者，我们必须认清思想政治教育过程的长期性、复杂性和艰巨性，认真分析当今社会新常态下理想信念教育的使命要求和大学生思想实际，针对其认知特点和接受规律，着力构建大学生理想信念教育的新思路和新对策。

第二节 大学生思想政治教育模式

一、现行大学生思想政治教育模式及特点

国内外高等学校由于历史文化背景、政治经济制度的不同，各国采取的思想政治教育模式也不尽相同，归纳起来有两种主要模式："灌输"模式和"渗透"模式。灌输模式是在学校中开设以思想政治理论课程教学为主的思想政治教育。其特点是：第一，明确提出统一的思想政治教学大纲和教学内容；第二，传递这些思想政治教育内容的主要方法是课堂中教师对学生进行灌输和讲授；第三，强调国家、社会和教师在教学内容、标准、规范等方面的权威。

渗透模式是以活动和营造思想政治教育氛围，让学生自主地、积极地自我探索。其特点是：第一，没有"标准"的思想政治教育教学大纲、教学内容、教学计划与课程，学生的思想观念、理想信念、道德价值观主要靠自我探索和个人体验来形成；第二，有关的思想政治观念和道德基本知识主要通过人文和社会学科的教学来间接提供给学生；第三，学校和教师的作用主要体现在通过营造思想政治教育环境、组织思想政治教育实践活动来为学生创建一种思想政治教育意境，以此帮助学生形成自己的思想政治观念和意识。与灌输模式相比，渗透模式的优点在于强调以学生为中心，突出学生的主体地位，尊重学生思想的自由，避免了把既定观念强加于学生的不足；学生根据个人体验自主得出的思想政治观念、道德价值观更具有生命力，避免了灌输模式下"标准"思想政治要求与个人认识与行为之间脱节的矛盾，培养了学生在思想政治观念、理想信念、价值观等方面自我探索的创造性和独立性，有利于学生毕业后个人思想政治观念、理想信念、道德价值观的继续形成和发展。

值得一提的是，近年来，许多国家都意识到了单一模式的弊端，试图取长补短，加以完善，其结果出现了两种模式相互融合的趋向。

二、当前大学生思想政治教育模式存在的问题及原因

思想政治教育是我国高校各项教育工作开展的核心和灵魂，在我国高校的管理工作中处于重要的地位。从我国高校大学生的政治教育的整体现状来看，他们的主流思想是积极的、健康向上的。他们不仅关心国家各项事业的

发展，同时他们对自身的发展也有足够的自信。但也会有一部分的学生因受消极思想和风气的影响，逐渐与主流的社会思想产生了偏差。当然，我国高校思想政治教育还存在着教育方式方法的陈旧落后，并且形式主义和教条主义也长期存在我国高校的思想教育工作中。这些都制约着我国高校思想政治的发展。因此，我国高校必须采用创新的教育模式对其进行发展和完善，以全面提高和加强我国大学生的思想觉悟和政治素质。

当前大学生思想政治教育模式存在问题的主要原因，可以概括为如下几点。首先，高校领导者对于大学生的思政教育制度认识的不到位。大学生思政教育制度的很多问题，追根溯源，是对制度问题的重视程度不够。社会和学校教育机构对于自身的教学效果的评价是教学质量，很少有人关注其他方面的问题。对于大学生思想政治教育的评价，几乎是忽略的，因此使得高校领导对于该方面的关注也变得比较少，制度的作用被忽视。受封建主义的影响，人治思想比较严重，而新时期下，应该更多地采取依法治校。当前大学生思想政治教育模式存在问题的第二个原因是没有发挥好高校教师和大学生在制度制定方面的作用。大学生的思想政治教育制度相对比较单一，高校教师和大学生对于制度的态度基本来说就是不关心。高校教师更多的是忙于评定职称，忙于科研成果的申报，忙于课程的教学，因此时间被大量的占用。在思想政治教育方面，预留的时间自然很少。引起大学生思想政治教育模式产生问题的第三个原因是制度在执行的时候容易受到阻碍。现在的学校制度，很多都是和大学生的喜好脱节的。大学生在每周的时间里，需要上课，参加社团活动，勤工俭学等，事情繁多，还需要参加每周两次的班级活动，可见这样的制度会使得大学生的压力增大，自由时间减少，而效果甚微，没有达到预期的目标。

三、大学生思想政治教育的可行性模式探析

（一）使政治教学内容与时代接轨

在思想政治的教学内容中，常常包含着其教学目的与教学任务。在进行思想政治教学过程中，教师和学生之间会进行某种程度的思想互动。因而，高校教师在进行思想政治教育工作时，要有针对性的使政治教学内容与时代接轨，与大学生的就业问题相衔接，在课堂中就一些学生在生活中以及学习中经常会遇到的问题展开讨论，使学生的思想境界得到提高，理解、分析以及解决问题的能力得到增强。同时，时事内容的新鲜、灵活也调动了学生学习的积极性，使其学习热情得到激发，从而使课堂效果更加理想，学生思想

素质得到全面培养提高。

（二）强化师资力量

教师在学生成长成才的过程中具有重要的启蒙、指引作用，因而要求高校在师资建设方面一定要足够强。高校的思想政治教师需要心理素质良好，同时必须本身的政治修养足够优秀、道德素质较高，唯有如此才能以身作则，在思想政治教学工作中起到典范作用。鉴于此，高校应该对思想政治教师的专业能力考核工作加以重视，对其教学能力以及实际教学成果进行考评，使考评结果与教师的评优、评奖工作直接挂钩。与此同时，高校还应该对教师展开专业培训工作，使其能够专业水平增强，并能够与时俱进，对学生的思想素养以及政治觉悟的提高起到重要的促进作用，帮助其全面发展。

四、四位一体的大学生思想政治教育模式设计与说明

根据思想政治教育的基本内涵，体现"以人为本"的理念和以学生为主体的思路，借鉴国内外大学生思想政治教育模式的优势，结合高校改革的实际及系统论的观点，构建四位一体的大学生思想政治教育模式，即指：学校、社会、家庭、大众传媒四个因素为一体教育模式。我们用系统论的观点，假设四位一体的大学生思想政治教育模式是一个大系统。该大系统包括学校系统、社会系统、家庭系统和大众传媒系统四个子系统；四个子系统之间互相联系、互相作用、相互协调，形成一个统一的、有效的且不可替代的整体。在大系统中，学校系统是主体，起主导作用，处于主体地位，但与社会系统、家庭系统、大众传媒系统之间相互联系并有机结合之后，就产生了一个大的开放系统。由此共同组成适应后勤社会化、学分制以及高等教育发展要求的大学生思想政治教育新模式。

四位一体的大系统是新形势下置于社会大环境中的大学生思想政治教育体系。事实表明，现代高等学校是一个开放程度相当高的系统，在这个开放系统中，大学生通过各种方式及途径与社会发生着联系和交流并相互影响。这也要求大学生思想政治教育体系（即大系统）必须是开放的。特别是后勤社会化与学分制的实施，使得该系统更趋开放。在此形势下，大学生思想政治教育工作不能局限于校内，"各部门要主动配合，共同做好大学生思想政治教育工作"，使政府有关部门、社会和学生家庭等校外的力量形成合力，坚持以人为本的科学发展观，积极有效地做好大学生思想政治教育工作。

五、大学生思想政治教育四位一体模式的实施

（一）努力探索学校思想政治教育新体系，充分发挥学校系统在大学生思想政治教育中的主导作用

学校系统包括思想政治理论课、学生社区公寓＊组织、党团组织、学生社团和教职工全员育人五个子系统。在新的形势下，思想政治理论课系统面临着极大挑战，它要求思想政治理论课的内容、形式、方法应体现学生的主体性，根据《意见》要求，设计思想政治理论课的教学组织形式，在教学中"要联系改革开放和社会主义现代化建设的实际，联系大学生的思想实际，把传授知识与思想教育结合起来，把系统教学与专题教育结合起来，把理论武装与实践育人结合起来，切实改革教学内容，改进教学方法，改善教学手段。"教育和引导学生逐步树立正确的世界观、人生观、价值观，培养高尚的思想道德情操。

学生社区（公寓）组织子系统。由于学分制的实施，以班级为基础的"校、院（系）、班"三级学生工作模式已不能完全适应新形势的要求。针对我国高校的实际情况，我们提出建立"以学生社区（公寓）教育管理为点，以咨询服务为面"的学生教育管理体系。第一，建立以学生社区（公寓）为教育管理主阵地的学生教育管理体系。在学校党委的领导下，学生工作部门成立若干"学生社区（公寓）教育管理服务中心"，各院（系）不再直接管理学生，只配备专业学习的导师。在组织形式上，学生不归哪个院系，而是由其所在的社区（公寓）组织进行教育管理；学生辅导员在各个学生社区（公寓）对学生进行日常管理与思想政治教育工作，实现思想教育与管理、咨询与服务的有机统一。第二，以咨询服务为面，强化学生工作的服务职能，"努力解决大学生的实际问题"，将以人为本的理念付诸工作实践，建立和完善符合当代大学生特点与需要的心理、法律服务、助学服务、就业指导、成功人生和学习指导中心等大学生成才咨询服务体系，寓思想政治教育于咨询服务之中，努力实现在各项咨询服务中进行思想政治教育的目标。

对于党团组织和学生社团这两个子系统，通过学生社团、学生社区建立党团组织等措施，开辟大学生思想政治教育的新领域。随着后勤社会化及学分制的实施，同一班级同学之间联系越来越松散，交流越来越少，而人与人之间特别是青年人之间渴望彼此有着较多的联系和广泛的交流，此时，因住宿关系而形成的学生社区和因兴趣、爱好相近结成的学生社团，将不同年级、不同专业、不同性别的学生在一定时期内联系在一起，形成了相对稳定的群体，成为学生之间联系与交流的重要渠道。在学生社区建立党团组织，"开展

生动有效的思想政治教育活动，把广大学生紧密团结在党的周围，在大学生思想政治教育中更好地发挥桥梁和纽带作用"。思想政治教育正好可以依托党团组织和学生社团这两个重要阵地，有效地开展内容和形式贴近学生实际的思想政治教育，使之成为学生温馨的家园和思想教育的园地。对于教职工全员育人这个子系统，关键是"要制定完善有关规定和政策，明确职责任务和考核办法，形成教书育人、管理育人、服务育人的良好氛围和工作格局"。学校的每一位教职工，都是教育者，"广大教职员工都负有对大学生进行思想政治教育的重要职责"。他们所从事的任何一份工作，包括他们的一言一行，都有教育的意义，都能对大学生产生耳濡目染的影响和作用。为此，我们必须提高"全员育人"的意识，形成"全员全程"育人的良好局面。

（二）解放思想，转变观念，充分利用社会教育力量，创造良好的社会氛围

思想政治教育要冲破以往由学校单打一的格局，把思想政治教育融入到社会的系统工程之中，落实《意见》精神，解决好"全社会关心支持大学生思想政治教育的合力尚未形成"的问题，依托社会的力量，为学校思想政治教育创造一个良好的社会氛围。为此，我们必须做好以下三点：第一，思想政治教育必须更新观念，树立开放的大思想政治教育观。思想政治教育要从学校封闭的形式中解放出来，主动接触社会，建立社会的育人网络，形成"全社会都要关心大学生的健康成长，支持大学生思想政治教育工作"的局面，使大学生思想政治教育面向社会、面向世界、面向未来，充分吸取社会各方面、各条战线思想政治教育的力量，形成思想政治教育的社会合力。第二，优化思想政治教育的社会环境，形成思想政治教育的社会氛围。思想政治教育是一个系统工程，学校思想政治教育作为全社会思想政治教育这个大系统的组成部分，它的成效如何，有赖于社会大环境的影响。因此，"各级党委和政府要为高等学校创建良好的育人环境。要把优化校园周边环境作为推进社会主义精神文明建设的重要任务，结合城市改造和社区建设搞好规划，加强综合治理。"发挥社会大环境中各种不同环境的特定作用或局部环境的影响，共同携手，形成一个学校和社会全面合作、全面配合，有利于大学生思想政治教育的社会大环境。第三，政府和教育主管部门必须真正从"系统工程"角度，加强对大学生思想政治教育的统筹安排。一方面，全面调整好从小学到大学的思想政治教育层次性和连续性的问题，解决好思想政治教育的渐进和由浅入深的问题；在内容设置上注重学生的内在需求，坚持以人为本的科学发展观，到大学毕业时，学生接受的应该是一个完整系统的思想政治教育。

另一方面，"要建立健全党委统一领导、党政群齐抓共管、有关部门各负其责、全社会大力支持的领导体制和工作机制"。

（三）实事求是，健全教育体系，重视家庭教育在大学生思想政治教育中的作用

在家庭教育问题上，学校也有义务采取多种方式，主动与家长联系，让学生家长快捷、准确、全面地了解子女在学校学习和生活的情况，使家庭教育更具针对性。学校还应采取积极的措施，成立校领导牵头、有学生工作职能部门、院系领导、家长代表参加的大学生家庭教育指导委员会，负责大学生家庭教育的组织、指导、协调工作；院系主动召开家长座谈会，向家长通报学校的教学和学生的学习情况。同时，每逢开学典礼、军训阅兵、毕业典礼等一些重要场合，邀请家长代表参加，加强家庭和学校之间的联系。

（四）与时俱进，充分发挥大众传媒对大学生思想政治教育的功能

大众传媒在具有基本社会功能的同时，也具有思想政治教育功能。"宣传、理论、新闻、文艺、出版等方面要坚持弘扬主旋律，为大学生思想政治教育营造良好的社会舆论氛围，为大学生提供丰富的精神食粮。""各类网站要牢牢把握正确导向，主动承担社会责任，积极开发教育资源，开展形式多样的网络思想政治教育活动。重点新闻网站要不断改进创新，切实增强吸引力和感染力，在大学生思想政治教育中发挥导向作用。"所有大众传媒要坚持正确舆论导向，弘扬正气，唱好主旋律，打好主动仗，为新形势下思想政治教育营造昂扬向上的舆论氛围，化消极影响为积极影响，为我所用，是我们必须面对和研究的重要课题。第一，开设传播课程，提高大学生的信息鉴别能力和运用能力，利用信息资源来发展自己。第二，组织具有民族优良文化传统的信息上网，弘扬祖国的优秀文化传统，抵制外来不良信息的消极影响。第三，充分利用现代传播手段，建立以校园网络为载体，学校与学生、教师与学生、学校与家长、学生与家长、学生与学生、社会与学生"六个互动"式学生思想政治教育体系，发挥校园网络对学生思想政治教育的作用。

六、大学生思想政治教育的具体构建

目前，我国高校教育处于稳步快速发展的阶段，且我国高校也不断地积累关于思想政治教育的经验，所以我国高校的思想政治教育也处于不断发展和完善的阶段。但与此同时，我国高校还需要冲破陈旧、落后观念的束缚，以探索出一条适合我国高校思想政治教育发展的策略和创新之路，以全面提

高我国高校大学生的综合素质，进而为我国社会的发展提供更多符合实际需要的高素质人才。

（一）对观念进行创新

在新时期对思想政治教育工作进行发展和完善，也会面临较多的复杂烦琐的新问题和新情况。因此，我国高校一定要坚持和遵循全面了解分析问题的原则和方法，用创新的观念和发展的理论对我国的思想政治工作进行开展。同时，也要实施相应的措施转变和纠正功利化的观念，以更好地为我国高校大学生提供良好的内部和外部环境，从而有利于观念的改革和创新。此外，我国的高校教师也要打破教条主义的观念，在各项工作中要心系学生，树立"学生为中心"的观念，从而更好地促进我国高校思想观念的创新。

（二）以实际问题为基础，全面解决思想问题

我国高校在对大学进行思想政治教育时，应重视心理疏导和人文关怀的教育理念，重视二者所发挥的作用。同时，教师在运用心理疏导和人文关怀时，应注意的是要以学生的实际问题为基础，如师生之间、学生与学生之间、学生与家庭、社会之间的问题，并且还要使用科学合理的方法对其进行全面而正确的处理。然而，我国部分高校在对大学生进行思想教育的过程中，却出现了严重的偏差。他们只重视和加大解决思想问题的力度，却对大学生生活、学习、求职、工作等这些较实际的问题置之不理，并且这种重思想轻理论的方法，也与我国的思想政治教育的基本要求和原则相违背。因此，我国高校必须构建科学合理完善的新体系，以促进实际问题与思想问题更好地结合，从而解决我国高校思想政治教育在新时期出现的新情况和新问题。此外，我国高校的相关部门和工作人员还要充分了解和体会高校关于人文关怀的理念和原则，以全面提高思想政治教育的吸引力和感染力，提升我国大学生的主动性和积极性。

（三）重视大学生的自我调节能力

我国高校在对思想政治教育进行创新时，要注重发挥大学生自身的自我调节能力，如自我教育、自我管理、自我评价等调节能力。因此，在其过程中，要把学生作为主体，以全面促进和提高大学生自我调节能力的发展，这不仅是新时期我国大学生应对挑战的要求，而且还是企业要求高素质人才应具有的基本能力。同时，我国高校还应协助和支持大学生充分发挥自身的自我调节能力，并且还要鼓励他们将这些转变成为自觉的行为和行动，有利于他们形成正确的"三观"。此外，对于处于关键时期的大学生来说，自我调节

能力也可以明显的提高和促进自身的全面发展。

（四）师生之间要建立和形成互动平等的良好关系

在开展我国高校思想政治教育的过程中，要逐渐改变以往的"以教师为主"的教学模式和管理模式，而逐步建立"以学生为主"的课堂教育模式，使学生积极主动的发问和学习，而不是教师一味地灌输知识。因此，我国高校就要重视师生之间的关系，良好的师生关系可以促进我国高校教育模式的改革，否则，则会阻碍我国高校的改革。可见，重视建立和形成互动平等的良好师生关系，对我国高校的思想政治教育具有重要的促进作用。在面对我国新时期各项事业都不断发展的大环境下，我国高校更应该与时俱进，顺应时代的发展要求，贯彻落实社会主义的发展观和核心价值体系，使教师深入了解学生各方面的现状，特别是思想觉悟和政治素质的发展现状，以更好地与学生进行深层次的互动交流。同时，教师还要引导和帮助学生树立科学正确的价值观，并从世界观的角度出发，提升学生的思想高度，接受和遵循社会主义的发展规律，并且还要对学生进行社会主义荣辱观的教育及民族精神的加强教育，这也与新时期的发展要求相符合。通过以上方法，可以逐步使互动平等的关系融入到思想政治教育中去，从而使二者同步完成，进而更好地实现教育目标。

现阶段的大学生面临着较特殊的发展环境，他们心理上和情绪上也容易出现片面和消极，并且他们对社会实践生活的体验和感受也较缺乏和薄弱。同时，他们的理想有没有扎根于现实，这会使他们感受到理想和现实的差距较大，且冲突也较激烈。他们也就自然而然的产生了消极的负面心理和情绪，并且实际行动也逐渐与理想相脱离。同时，我国现阶段改革和发展过程中遗留的一系列问题也没有得到科学合理的解释和论证，会导致他们表现出不解的心理。由于大学生不是改革和发展过程中的直接参与者，因此，他们并不了解改革过程中面临的困难和挑战，一味地对其保持较高的期望，从而致使他们出现了非议。此外，高校的思想教育工作是近年来其一直面临的薄弱环节，并且大量的问题也不断累积。我国高校的思想教育工作者较少，并且他们也没有全身心地投入到学生思想教育的工作中去。高校也未制定科学合理的思想教育工作的政策，缺乏完善的监督和评价体制。再加上长期问题的累积，这些都不利于大学生的全面发展，也使思想教育工作的难度不断加大。以上均是造成我国高校大学生思想特点的影响因素。

综上所述，为促进我国高校思想教育工作的不断创新和发展，我国高校的教育工作者应不断加强实际问题和思想问题的研究和分析，并且还要利用多种不同教育手段相结合的创新和发展模式，从而全面提升我国大学生的实践能力。我国现阶段教育制度的改革和发展，不断要求和提醒我国高校要以市场经济为导向，树立教育育人的宗旨和目标，形成和建立"以学生为主体"的观念。同时，从我国的实际情况出发，还需要针对不同的高校采取和制定不同的教育管理模式，即分制体制。此外，还要创造相应的环境和条件，加强对师资力量的培养力度，从而有利于建立和充分利用丰富优越的教育资源。思想教育的内容也应不断丰富和发展，并且还要使学校的教学和教育计划变得灵活多样。与思想政治教育工作相关的部门也应不断地进行创新和发展，以创造更多更有利的条件来适应分制体制模式，一定程度上，也会使管理水平得到大幅度的提升。我国高校的思想教育工作的创新模式，还要使学校之间、学校与社会之间的合作交流不断加强和巩固，从而实现资源的多样化和共享化，使教育资源的利用率得到提高。也只有这样，才可以使我国教育体制的改革步伐得到加快，从而使思想教育工作的质量得到全面提高，为我国现代化的发展和建设提供更多更优秀的高素质综合人才。

第七章 思想政治教育创新研究

第一节 大学生思想政治教育理论创新

"少年强则中国强"大学生作为新时代的接班人，做好当代大学生思想政治教育工作至关重要。当代大学生作为国家建设的有力后备军，无论是在知识技能储备方面，还是在政治思想教育上都具有优越性和针对性。怎样做好大学生思想政治教育理论创新是现阶段高校政治工作建设的重要所在，加强高校政治建设首在理论创新，全面贯彻高校思想政治建设理念做好理论创新实现高校思想教育的突破。

一、当代大学生思想教育的内在要求

（一）坚持"以人为本"的核心理念

政治思想教育的根本目的就是帮助人类确立一个正确的价值观和人生观，对于当代大学生而言加强其思想政治教育有利于其树立一个正确的价值观和人生观。思想政治教育的工作以及理论创新是建立在整个人类发展上的，对于个人如何实现自身价值有着积极的导向作用，并且在大学生思想政治教育工作中也呈现出特定的导向作用。作为生存的生物性基本需求的"自然性"、实现人的社会本质的基本需求的"社会性"和精神归宿与精神提升需求的"精神性"分别构成了思想政治教育"先在的人性前提""最根本的人性基础"以及"最具发展性的人性基础"，这些也深深体现了思想政治教育与高校思想教育的内在切合。

坚持"以人为本"的核心理念不仅构成了当代大学生思想政治教育的内容，也丰富了大学生思想教育理念创新的途径和视野。就当下高校应培育怎样的大学生以及该如何培育和大学生的思想政治教育息息相关，坚持"以人为本"的思想大学生政治教育，除了坚持全面发展的价值观外，还要勇于创

新思想政治教育理念，基于这些才能促进当下大学生全面发展，才能推动大学思想政治教育发展，才能创新大学思想政治教育理念，进而推动大学思想教育发展。

（二）全面贯彻以科学发展观为主的创新理念

以科学发展观为基础的大学思想政治教育，即强调了坚持科学发展观是高校思想政治建设的根本所在，也表明了加强和建设大学生思想政治教育是推进科学发展观的进步的重要基石。发展以人为主，当代大学生作为社会建设的后备主力，做好高校政治工作势在必行。继20世纪90年代我国施行改革开放政策以来，我国的经济迅速发展，无论是物质生活还是精神生活均取得明显改善，在此条件上如何培养高素质人才的问题值得我们深思！人才资源的有利开发，合理利用至关重要，进而高校思想政治建设必不可少也举足轻重。因此，加强高校大学生思想政治建设，提高学生的政治觉悟，是提升我国文化软实力的根本所在。

（三）坚持"中国梦"的发展理念

中国梦由习近平总书记首次提出，作为全国人民的总愿望，其具有强大的号召力和凝聚力，激励着中华各族儿女砥砺前行，是中国实力以及文化魅力的所在。"中国梦"内涵丰富：首先，"中国梦"的主题是"实现中华民族伟大复兴"。其次，"中国梦"的核心内容是"国家富强、民族振兴、人民幸福"[3]。最后，"中国梦"的实质是马克思主义中国化的最新成果，是中国特色社会主义先进文化的重要组成部分，是我国文化软实力的重要组成部分。作为当代大学生，"中国梦"有利于其凝聚自身力量，激发自身潜能，进而促进全面发展。将"中国梦"思想融入当下大学生思想政治教育，不仅有利于大学生树立正确的价值观、人生观和政治观，也有利于培养大学生形成正确的爱国主义情怀。"中国梦"全面融入到高校思想政治建设中这一举措是大学生思想政治理论课的一大创新，高校思想政治理论课程是高校马克思主义理论的主要汇集地，"中国梦"与高校思想政治建设的巧妙结合让大学生接触到更多符合国家发展需求以及自身建设需求的优秀理论，进而推动着我国高校思想政治建设乃至国家的前进发展。

二、全面建设创新性大学生思想政治教育理念

在高校思想政治建设中，传统的大学生思想政治教育通常强调教育要为社会服务，为党和国家培养需要性人才，过分强调了培养的意图而割裂了培养的真正目的所在，即满足人民的需要、满足党和国家的需要，切实符合当

下社会所需。这种过于片面化、政治化、机械化的思想教育理念会使学生产生厌烦心理，乃至于排斥或冷漠的态度，就此现象引发了传统思想教学理念与实际操作中的矛盾，故而对于高校思想政治建设的本质所在需重新审视。当下时代环境形势复杂多变，面对如此形式，片面的思想政治教育已不适合当今政治发展需求，以此，创新大学生思想政治教育理论与实践的理念模式，是大学生思想政治教育理念创新的基本前提和根本旨趣。

（一）主体正确价值观的树立与培养

大学生思想政治教育是人与人之间最直接的思想活动交流，其中包含了政治、文化、经济等多方面的精神交流。基于高校思想政治建设的主要对象是在校学生，对此教育必须坚持以学生为主，积极引导大学生正确的认识自身价值所在以及对国家贡献的厉害所在，能够肩负起自己身上的使命。在校大学生较于初高中生而言价值观、人生观已具有相当的独立性，不同的是大学生在结束校园生活后直接面对的是社会，在此环境中对于如何实现自身价值、如何对社会做出贡献是最直接的问题，对此加强主题思想教育是关键所在，故而，在高校建设中除了保障学生教学需求外，加强正确的、创新的高校思想政治建设必不可少。

培养大学生的自主性，要将传统思想政治教育中的"爱听话""善于听话"这一具有明显误导性、强制性、偏见性的思想割除，在这种思想领导下会让学生在以后的工作中或多或少会带有僵化、被动、生硬的特点，不利于个人强能以及主观能动性的创建和发展。所以，在进行高校思想政治建设首先要培养主体正确的价值观，培养其独立思考、自主学习的创新精神。立足于当下时代发展下的大学生思想政治教育，就要坚持以主体为中心，全面考虑主体的正真所需，尊重主体的精神需求、独立人格，将社会需求和大学生的发展切实有效的联系在一起，科学引导学生选择适合自己的发展途径。

（二）丰富高校思想政治建设方式

大学生思想政治建既要立足于内容创新，也要紧跟时代发展立足于形式创新。做到理论和实践相结合发展，全面促进大学生思想政治教育创新的发展。

1.积极参与社会实践活动

社会实践和理论教育相辅相成，社会实践以实际行动将理论知识转化为活动，在活动中又将理论加以运用深化，两者之间相互联系。丰富社会实践活动，积极鼓励大学生参加，不仅是形式上创新了大学生思想政治教育的途径，也丰富了思想政治教育的内容。例如：高校社团建设，高校社团由学生自行组建运行，学生作为社团日常活动的组织者和开展者，学生有众多理论知识以及社会经验去学习，特别是有关高校党政社团的建设，学生领导能力以及组织能力的优劣会直接影响到社团的发展。因此，多鼓励学生参见相关社团活动，高校并给予一定的引导和鼓励，让学生在切身的实际活动中学习相关思想政治教育理念。

2.加强高校思想政治教师队伍建设

现今多数高校存在思想政治教师过于重视向学生讲解理论知识，过于强调思想政治理论的学习，未能有效的和社会实践以及学生切身需求相关联，使得学生处于一种被动的学习状态，严重打击了学生的学习积极性。因此，要加强教师队伍建设，加大教师培训力度，如：授课方式、授课内容、教案编写等多方面，从根本上改变大学生思想政治教育理念的创新。

3.灵活运用先进媒体平台

新媒体时代下，微信、微博等新型媒体日益强大且效果明显，具有互动性强、时效快等优势，是促进大学生思想政治教育的新平台。一方面，大学思想政治教育充分利用新型媒体资源，是对传统教育方式的改进，尤其是一改只在课堂授课的传统方式，将大学思想政治教育的场所和方式加以解放，从课堂下放至课间乃至随时随地，突破了原有教育的场地和时间限制；另一方面，多元化的媒体大学生思想政治教育更能和当下社会接轨具有消息接收快、传播广等特点，符合大学生的"网络时代"需求，因此，能更好地向大学生进行思想教育、政策宣传。将新媒体如融到大学思想政治教育中，不仅改变了传统的教育模式，而且也丰富了高校思想政治教育的平台，符合当前高校思想政治建设的需求。

大学生思想政治教育事关国家建设，加强高校思想政治教育不仅有利于是大学生自身思想政治建设，而且也有符合我国经济文化发展需求，且这对促进我国繁荣发展至关重要。

第二节 大学生思想政治教育载体创新

习近平总书记指出，做好高校思想政治工作，要因事而化、因时而进、因势而新。要遵循思想政治工作规律，遵循教书育人规律，遵循学生成长规律，不断提高工作能力和水平。我们要认真学习领会习近平总书记重要讲话精神，坚持立德树人，与时俱进，用活老办法，探索新办法，实现全员育人，全过程育人和全方位育人，不断开创高校思想政治工作新局面。

思想政治教育的载体，是指承载思想政治教育因素，能为思想政治教育主体所运用，且主客体可借此相互作用的一种思想政治教育活动形式。作为思想政治教育工作者，必须遵循思想教育规律，紧跟时代步伐，加强思想教育载体研究，不断推进载体创新，发挥出各种载体的最大能量，形成思想政治教育的大格局，同频共振，形成合力，才能达到预期效果。

一、创新大学生思想政治教育载体的必要性

大学生思想政治教育载体反映了高校思想政治教育的内容，连接着高校思想政治教育的主体与客体，并能起到将思想政治教育趣味化的作用，可促进大学生对思想政治教育的接受。然而随着社会的飞速进步，传统的大学生思想政治教育载体不再适用，这要求高校在继承和发扬传统教育载体的前提下，思考新时代思想政治教育所涉及的方面，不断创新大学生思想政治教育载体。

二、创新大学生思想政治教育载体的意义

（一）有利于进一步整合高校思想政治教育资源

高校教育资源在高校思想政治教育中起着重要作用，包括了学校管理制度、学生社团组织、校园文化、学科教育等多个方面。创新思想政治教育载体，有助于将教育资源融于思想政治教育之中，促进大学生思想政治教育的发展。

（二）有利于进一步发挥高校思想政治教育的功能

高校进行思想政治教育的目的是培养乐观坚强、宽容豁达的新时代人才，创新思想政治教育载体可以有效地发挥思想政治教育的作用，促进大学生全面发展，引导大学生坚定中国特色社会主义信念，用马克思主义理论武装自己的头脑，提高大学生的政治思想认知。

（三）有利于改善高校思想政治教育现状

当前，受不断变化的社会思想和科学技术的影响，大学生的思想观念时时有所改变。如今的高校思想政治教育缺乏科技的辅佐，形式单一，如果继续任其停滞不前，最后其教育方式必然会脱离实际，无法实现立德树人的目的。将新技术运用于高校思想政治教育中，能够推进高校思想政治教育载体的创新，使高校思想政治教育活动与时俱进。

（四）有利于完善高校思想政治教育体系

校园活动不但能丰富学生的课余生活，还有利于完善高校思想政治教育

体系，使高校思想政治教育摆脱呆板无趣的形象，使大学生能更加积极踊跃地参与其中，在提高大学生思想政治素质的同时，使高校思想政治教育活动得到多元化发展。

三、大学生思想政治教育载体创新的途径

（一）创新校园文化载体

校园文化凭借其可在潜移默化中影响大学生思想观念的优势，成为了大学生思想政治教育的新载体。在创新校园文化载体时，要结合学生的实际情况，遵循以人为本的理念，才能通过开展丰富多彩的校园文化活动，实现培养学生积极健康的新观念，陶冶其性情的目的；同时还需要不断创新校园文化活动形式，促进爱国报国、尊师重教、关爱同窗等良好校园风气的形成。

（二）创新社会实践载体

创新社会实践载体要求将学生的社会实践和创新思维有机统一起来。其既要求高校总结以往学生的社会实践经验，建立切实可行的激励机制，又要求高校科学地把握实践活动的规律，紧扣时代主题，促进大学生社会实践活动出实效、见成绩。在教学中，高校应注重实践考核与评价，通过考核和评价的最终结果来了解实践的形式是否科学，取得的成效是否有利于促进学生的健康发展。

（三）创新网络载体

网络载体具有平等性、交互性、开放性等特点。创新大学生思想政治教育网络载体有利于在网络活动中对大学生进行思想政治教育。创新大学生思想政治教育网络载体的主要途径包括：淤利用网络载体了解学生的课余生活。于利用网络载体关注学生的思想状况。盂利用网络载体构筑师生交流新平台。同时，学校应当倡导学生文明上网，并加大网络监管的力度，利用网络载体做好学生的思想政治工作。

（四）创新日常管理载体

日常管理载体是指让思想政治教育渗透到大学生的学习生活中，使学校的日常管理活动承载并传播一定的思想教育内容，最终达到优化高校思想政治教育的目的。首先，高校的各日常管理部门应明确自身责任，加强配合，把服务育人、管理育人、教书育人结合起来，进一步树立全方位、全程、全员育人的观念。其次，高校应提高管理人员的思想政治素质，营造民主管理

的氛围，管理人员更应在日常管理中以身作则，通过自身较高的思想政治素质来影响大学生。

高校应做出不懈的努力，从校园文化载体、社会实践载体、网络载体、日常管理载体等方面积极创新大学生思想政治教育载体，从而充分发挥高校思想政治教育的功能，真正实现"以德树人"。

第三节　大学生思想政治教育创新实践发展路径

高校思想政治教育是实行大学生思想政治教育教学的主要场地，教师通过理论知识的讲解，来引导学生正确看待问题，树立积极的人生观、世界观、价值观。但是伴随社会的不断发展与进步，思想政治理论知识的掌握已经无法满足其潜在的发展需求，社会需要的是更多能够综合实践应用思想政治理论知识的新型人才。对此，高校教师应该响应时代的号召，从大学生思想政治教育工作中存在的问题入手，积极创新大学生思想政治教育的发展路径。

一、大学生思想政治教育存在的问题

（一）思想政治教育的实效性不高

目前，我国高校相关的思想政治教材的设置普遍落后，更新速度比较慢，缺乏与时俱进的深层次理论，因此，学生无法掌握重要的现代理论知识，对现实的一些热点问题也难以把握，在回答现代理论问题时，往往出现答非所问的现象，有些学生虽然能够回答出来了，但答题内容比较肤浅，缺乏足够的说服力，思想政治教育的实效性不高，学生难以在思想政治教育中掌握现代的知识与技能。

（二）思想政治工作缺乏专业团队

目前，我国高校思想政治教师的综合素质比较低，部分教师缺乏专业的思想政治知识及一些专业的传授技能，有些教师虽然掌握了专业的知识及技能，但由于传授经验有限，致使思想政治教育教学中无法熟练并灵活的运用这些专业的知识与技能，进而出现教学效率低下的现象。在部分高校中，思想政治科目的教师队伍并不稳定，在教师队伍中出现一些兼职人员，这严重影响着大学生思想政治教育的效果。

（三）思想政治的教育方式落后

目前，大学生思想政治的教育方式主要采取传统的说教模式，教师在课

堂教学中只是一味地向学生灌输理论知识，教学内容与学生的实践生活严重的脱节，教学中缺乏学生之间、师生之间的必要交流与互动，致使课堂教学呈现出枯燥、僵硬的氛围，学生因此失去学习的兴趣与热情，课堂教学效率低下。

二、当代大学生思想政治教育方式方法的创新实践

（一）淡化教育主客体界限——平等互动

传统的思想政治教育强调教育者的主导作用，以"灌输"的方式对受教育者进行塑造、制约和改变。当今社会，大学生不仅具备了较高的文化水平，而且信息获取多元化，独立思考的能力大大增强，平等意识和自立意识普遍树立，因此，在大学生思想政治教育过程中，充分尊重和体现大学生的主体地位，调动其参与教育过程和自我教育的积极性，已成为当前大学生思想政治教育改革和创新的共识。近年来，我们积极开展创新实践，以苏州大学田芝健教授为主导的教育教学团队提出并实施了"双向立体型"思想政治教育教学模式，建立健全教师与学生的对话机制、构筑对话交流平台，在实践中都受到了理想的效果。

事实上，思想政治教育作为价值观教育是有别于知识教育的。价值观教育触及的不是对象的认知结构，而是评价结构，追求的不是知识的扩张，而是态度和信念的转换，评价的标准不是"学"到了多少，而是"信"了什么。可见，重视受教育者在思想政治教育中的主体地位和能动作用十分重要，要改变将大学生预设为被动者、落后者的观念，改变教育者居高临下的做法，淡化教育主客体的界限，教师走到学生之中，听取意见，平等交流，学生参与教育活动，主动触及思想实际。通过师生的平等交流、双向互动，教育者因势利导，受教育者主动思考，从而不断增强思想政治教育的实效。

（二）重视文化育人作用，加强校园文化创建——文化渗透

文化对人的思想的渗透和影响为大学生思想政治教育提供了一个新的视域。近年来，我们通过校风建设、校园文化建设、校园环境建设、文化机构和设施等方面的建设大力推进校园文化创建活动，注重我校大学精神、传统与特色、气度与风格等方面的孕育与弘扬，将大学生思想政治教育融入校园文化之中，较好地发挥了文化对大学生的熏陶和感化作用。校园文化创建活动的蓬勃开展，营造了健康向上的大学育人氛围，有力地增强了大学生思想

政治教育的效果。

（三）关注学生心理，解决实际问题——人文关怀

坚持以人为本，贴近生活、贴近实际、贴近学生，是《意见》提出的加强和改进大学生思想政治教育指导思想的重要内容。在当今社会生活急剧变化、竞争日趋激烈的情况下，大学生在学习和生活中面临诸多心理和实际问题，而他们的思想问题大都与他们遭遇到而又不能妥善处理或难以解决的心理问题、实际问题交织在一起，面对这些困惑与无助，思想政治教育需要增强人文关怀。近年来我们十分重视大学生的心理健康教育，成立大学生心理健康指导中心和咨询机构，建立学生心理健康档案，不仅把心理健康教育纳入大学生思想政治教育的内容，还积极借鉴心理健康教育的建设模式和教育方法。与此同时，在实施思想政治教育过程中，把着力点放到解决学生实际生活中遇到的问题上来，积极介入学生的生活世界，帮困助学、创就业指导和服务、生活和成材指导等深得大学生的欢迎和信服，在解决实际问题的同时，调动和激发了大学生们解决思想问题的自主性和积极性。

大学生思想政治教育倡导人文关怀，不仅是时代精神的体现，是贯彻以人为本理念的要求，也是增强思想政治教育实效性的创新之举。大学生思想政治教育中增强人文关怀，不仅要关心大学生的心理和实际问题，还要在方法、手段等方面不断探索，体现人文关怀。

（四）适应信息时代要求，畅通交流沟通渠道——搭建网络

据共青团中央、全国学联与新生代市场监测机构共同发布的《中国大学生消费与生活形态研究报告》，互联网已取代报纸、电视等传统媒体，成为当代中国大学生获得信息来源的首要渠道。网络直接冲击着大学生的思想观念、影响其生活方式，也给大学生思想政治教育提出了新课题。在探索大学生思想政治教育新途径新方法的过程中，我们高度重视和充分利用先进的互联网和现代电子技术，首先是积极开辟和占领网络思想政治教育新阵地，贴近学生办好网络，在坚持正面导向的同时，为学生提高信息知识和服务；其次是建立管理、交流和服务的技术平台，通过微信、QQ 群建立群聊机制，及时回答大家遇到的问题，交流思想，通过电子邮件、微信、手机短信系统及时发布相应信息，对个别和所有学生实施温馨提醒，参加 BBS 的"版聚"，积极介入学生博客、播客、校友录等网络空间，以积极向上、正面的思想言论引导学生，把握学生思想动态、实现及时沟通、提高工作效率。当然作为一个新的领域，还需不断加强研究和实践。

（五）健全制度规范、严格执行管理——有力保障

"高尚思想品德的培养，良好社会风尚的形成，既要靠耐心细致的思想教育，又要靠科学规范的严格管理。"因此，大学生思想政治教育在坚持教育为主，思想为先的同时，要加强制度和规范的建设，贯彻教育与管理相结合的原则，强调管理在大学生思想政治教育实践中的作用。首先建章立制，不留制度死角，无论是上课纪律还是宿舍管理，无论是学生骨干队伍建设还是学生活动的开展，无论是党团建设还是评奖评优，都有相应的严格管理制度。通过规范和制度现实地或潜在地告诉学生一定的价值观导向和思想道德追求；其次奖惩分明，严格执行，在学生中广泛宣传，将制度和规范要求让人人都知晓，一旦有人违规违纪，无论是谁，一视同仁，遵照规章制度严肃处理，公正透明，不徇私情。再次注重与时俱进，在合理规范的前提下，对已经不适应新情况的规章适时修改，做到讲究动态而不僵化，注重实际而不老化。

（六）活动形式丰富、主题聚焦热点——内涵承载

主题教育活动是近年来各高校思想政治教育创新实践中备受青睐的重要载体和平台，精心策划和组织好主题教育活动，不仅能扩大思想政治教育的覆盖面和影响力，而且能更好地吸引广大学生的参与，实现思想政治教育主客体互动，有效地激发学生的主体性、创造力和社会责任意识，切实提高思想政治教育效果。从我们的实践经验来看，主题教育活动一般都应重视选择时机、关心热点、依托特色贴近学生实际、力求丰富和新意，成效卓著，是值得推广和进一步创新的工作品牌。创设主题教育活动，要注意内容与形式、任务与过程的统一，既要有鲜明的主题和明确的任务，又要注意贴近大学生实际，善于采用符合青年大学生特点、同时又能抓住其心理给人以耳目一新的形式，要及时为主题教育活动做好舆论宣传工作，努力营造主题教育活动的浓郁氛围，激发大学生对活动的心理期待；要依托共青团、学生会、学生社团等组织的优势，最大限度地调动起主题教育活动之受动者的积极性，真正实现主客体双方的互动，最终实现思想政治教育之目标。

（七）理论联系实际、重视全面协调——系统工程

一段时间以来，大学生思想政治教育程度不同地存在着理论与实践脱节，教育教学内容与实践发展反差较大的状况。社会实践是开展思想政治教育的大课堂，这些年已经成为大学生思想政治教育的一个重要品牌。作为大学生了解国情、增长才干、培养品格、服务社会的重要平台和有效方式，通过多年的不断探索和创新，社会实践在时间安排上不再仅为阶段性要求，开始逐

渐实现常规化；在活动形式上不断丰富，呈现多样化；在活动内涵和主题上，力求紧贴时代主旋律，体现针对性；在活动保障方面，通过校企（地）共建，建立大学生社会实践基地，达到稳定和长效；在活动功能方面，努力挖掘和拓展，社会实践活动不仅发挥让大学生感受生活、体验人生、增加阅历、强化理论教育效果、增强社会责任感的重要功能，还要在培养大学生创就业意识和技能、推进社会主义先进文化和和谐社会建设方面不断发挥新的功能和作用。经验表明，开展丰富多彩的社会实践活动，能够为大学生的思想政治教育提供十分重要的感性基础、理性契机和内化为思想素质的体验体认机制。

大学生思想政治教育是一项全面系统的活动，从内容看，包括理想信念、世界观、人生观、社会主义核心价值体系、思想观念、道德品质与修养等涉及人的全面发展诸多方面；从过程看，包括入学、军训、日常学习、实践环节、重大纪念或主题活动日（节）、节假、考核评估、毕业就业等贯穿大学四年的各个环节；从主题看，大学生思想政治教育的对象是年级不同、专业不一、个性差异、发展不齐的全体学生；从影响因素看，学校、教师与员工、家庭、社区、政府、社会都对大学生思想政治教育发挥着直接或间接、显性或隐性的教育影响力。为了更好地实施全面、全程、全员育人的要求，形成大学生思想政治教育全面协调可持续的良好局面，把大学生思想政治教育作为一项系统工程加以研究，大胆进行创新实践，通过工程来加以实施。通过积极构建大学生思想政治教育工作新体系，实施党建、团建、基础文明教育、求知成才训练、帮困助学等各项工作，对大学生助人成才产生积极影响，开创学生思想政治教育的新局面。

三、当代大学生思想政治教育方式方法不断创新的几点思考

（一）关于继承传统与积极创新

创新与继承，是事物发展过程中的两个对立统一的方面。创新的前提是继承，没有继承，就无所谓创新。思想政治工作作为我党的重要政治优势，在长期的革命和建设中，形成了较为系统的思想政治教育的优良传统，继承和发扬这些优良传统，是当前推进创新大学生思想政治教育的重要基础。但是改革开放以来尤其是进入新世纪新阶段以后，政治、经济、文化以及社会生活等各个方面都发生了深刻的变化，大学生的思想观念、价值观念也呈现出多样化、多元化的态势。因此要适应新形势下大学生思想政治教育的新要求，就必须赋予传统经验与方法以新的形式和特质。

比如我党长期实践中形成的深入群众、关心群众、做过细的思想工作这

一优良传统和方法，就必须很好地坚持下去，绝不能因为现代通信技术以及思想政治工作新手段的出现而丢弃。当然在继承这一优良传统和方法的实践中，也要努力适应新形势运用新方法，针对大学生群体文化程度普遍较高、民主自立意识普遍增强等状况，要避免搞空洞、枯燥的说教，多用耐心疏导、民主讨论、平等交流的方法；针对网络通信等手段的普及，在坚持深入课堂宿舍、调查走访、接待来访的同时，采用热线电话、网上座谈等形式；要调整工作思路，把解决思想问题和实际问题，教育学生和服务学生结合起来，坚持"三贴近"，以提高大学生思想政治教育的效果。

（二）关于学习借鉴与自主创新

大胆借鉴、学习、吸收世界各国大学生思想政治教育的合理因素和有益经验，进行消化吸收再创新，是大学生思想政治教育创新实践的重要基础。学习借鉴是一个不断学习和实践的过程，具有开放性，要结合我国思想政治教育的实际需要以及文化传统，以谦虚、开放的精神和态度，科学、能动、批判地分析和吸收国外的东西，创造性地开展工作。

比如美国思想政治教育中爱国凝聚、媒体宣传、教育培育、文化熏陶、思想库导向等做法，对于其民族精神的培育、职业精神的培养、主流价值观的引导等均产生了颇佳的效果，爱国主义教育、文化熏陶、隐蔽教育等方法尤其值得我们研究和借鉴。美国的爱国主义教育渗透到社会生活的方方面面，如公立学校学生每天首先要面对国旗宣誓，每年为外国移民举行加入美国国籍的宣誓仪式，用多种形式彰显为国争得荣誉、成就突出、贡献巨大的国民，用杰出人物命名地名、城市等各种场馆，广泛而持久的爱国主义教育，使一代又一代国民形成了强烈的民族意识、爱国热情和国家主人翁精神。

为了达到更好地思想政治教育效果，国外尤其是西方国家十分重视隐蔽性教育方式的运用，即在教育过程中，教育者隐蔽教育目的和意图，通过间接、暗示等方式，使受教育者在不知不觉中受到教育。一是避免太直白和空洞说教，将思想政治教育内容分解到"公民权利和义务教育""国民精神教育""历史教育"等等之中；二是发挥学校所有课程思想政治教育载体的作用；三是注重德育环境对学生思想道德品质的影响。这种隐蔽式的思想政治教育在现阶段的我国就特别值得学习。

（三）关于创新理念和创新成果的应用

近年来，各地各高校关于加强和改进大学生思想政治教育的理论研究成果和创新实践成果不断涌现，但是研究成果的转化和应用还不够有力，程度不同地影响了大学生思想政治教育的实践和效能。究其原因，主观上是人们的思想观念中对思想政治教育工作的研究成果及其作用认识不足，客观上是思想政治教育工作的研究成果不像自然科学研究成果那样，能够给转化者带来较快的、较直接的、看得见摸得着的物质利益，因而不易为人们所重视。重视大学生思想政治教育创新理念和创新成果应用的研究和推广、落实，对于切实加强和改进大学生思想政治教育具有十分重要的现实意义。

首先，要树立"落实也是创新"的理念，将中央的要求和已经形式的科学理念、创新成果落到实处。《意见》是党中央通过充分的调研、总结多年来我国大学生思想政治教育经验并针对当前我国社会的实际和大学生思想政治教育的新形势新要求做出的科学决策，是关于大学生思想政治教育的重要创新成果，各地各高校加强和改进大学生思想政治教育，开展创新实践，就是要根据各自不同的实际，将《意见》的精神和要求不折不扣地落到实处，而不是另辟蹊径、摆花架子、做虚功。

其次，要把研究成果的转化和应用作为大学生思想政治教育研究和实践和重要环节，切实加以重视。大学生思想政治教育工作研究的成果和实践中形成的经验只有得到及时转化和有效运用，成果的价值才能得以体现；成果是否有效、能否推广等只有积极加以应用和实践才能得到检验；如何将理论研究成果变为可操作的实践或把实践中许多有益的做法上升为理论，需要加强研究和探索，这个过程也包含着创新，做好这方面的工作，既是进一步改进和创新大学生思想政治教育工作的内在要求，也是大学生思想政治教育创新实践工作的现实需要。

四、大学生思想政治教育的创新发展路径

（一）树立学生协调发展的意识

大学生思想政治教育的开展不仅仅以学生学到知识为目的，更重要的是促进学生更好、更健康的发展。注重学生协调发展是新课标背景下思想政治教育工作的新要求，因此作为一名大学生思想政治教育工作者，必须树立起学生协调发展的意识，并在教学中自动的促进学生多方面的协调发展。比如在教学中注重科学精神及人文精神的教育，注重学生科学文化素质及思想道德素质等综合素质的提高，将思想政治教育引入现实生活中，加强学生的实践能力，达到学以致用的目的，为学生未来的发展奠定良好的基础。

（二）提高教师的综合素质水平

教师是学生思想政治工作最直接的执行者，其在学生思想政治工作中的

一举一动都会影响着整个思想政治工作的效果，教师是学生思想政治工作的质量保证，因此在思想政治工作中，必须努力提高教师的综合素质。首先，高校应该加强教师相关思想政治理论知识的学习，加强对教师的思想政治教育，在教师内、外部形成良好的思想政治氛围。第二，高校应该加强教师授课技能的学习，提高教师的授课水平。对此，高校可以采取学习、培训等方式进行。第三，高校应该加强教师的考核制度，执行责任追究制以及一些必要的激烈措施，在制度上规范教师思想政治工作，使教师自觉地将思想政治工作做好。

（三）创新思想政治的教学方法

灌输式是大学生思想政治教育传统的教学方法，这种传统的教学方法具有众多的弊端，束缚教师和学生的思想空间，使整个课堂教学陷入一种僵硬的状态，致使教学效率低下，因此高校必须采取有效的措施创新思想政治的教学方法。新课标背景下，在高校中出现多种新型的教学方法，这些新型的教学方法大大地提高学生学习的兴趣与热情，有效地提高整个课堂教学的效率。比如，在高校思想政治教学中引入合作学习，让学生在小组合作中，加强自身的表达能力及交流能力，同时树立起学生的竞争意识和合作意识，使学生掌握到更多的实践能力，为学生今后的发展打下良好的基础。情景教学是高校应用较多的新型教学方法，它主要指在教学过程中，为了完成一定的教学目标，教师依据课文内容将一些与课文内容相符的情景引入到课堂教学中来，使学生置身于与教材相符的情景中。通过与教材相符的情景的设置，吸引学生的注意力，激发学生学习的热情，充分开发学生的想象空间，使学生在轻松、愉悦的教学氛围中享受知识的乐趣，加深对教材内容的理解，提高课堂教学的整体质量。

（四）结合利用网络构建思想政治教育平台

随着近几年以来我国经济水平及质量的不断提升，人民的生活水平也得到翻天覆地的改变，目前大部分高校基本上都配备有良好的计算机设备，网络的覆盖率也是比较高。学生在日常生活中能够经常接触到电脑，因此，应该充分利用校园网络广泛的覆盖率，来组建思想政治教育平台。教师可以在校园网中建立专门的思想政治教育网站，以推广学习思想政治理论知识为主要目的。高校校园思想政治教育网站上可以选择创立专栏或论坛等形式来给学生提供一个良好的平台，选取当下热门的时事话题作为专栏或论坛的讨论对象，让学生自由在论坛上进行辩论、讨论，发表自己独特的看法，老师根据学生的看法及意见进行评价，鼓励学生不断挖掘自身潜在的学习能力；如果学生的看法及意见出现稍微的偏差，教师应该适当给予正确的引导，帮助学生建立正确的思考方式。网络讨论的方式能够迅速获得学生的关注，并吸引其加入讨论，讨论过程中相互出现的争论激发学生不断寻找知识来巩固自己的观点。如此一来，学生的自主学习能力得到了明显的提升，学生也在讨论的过程中逐渐形成正确的人生观、世界观、价值观，实现了思想政治教育的根本目的。

在高校教育中，思想政治工作处于关键的地位，它是高校各项工作开展的重要保障，也会维护校园良好氛围的重要的保障。新形势下，大学生思想政治教育不断发展，其主流基本上保持着健康、积极向上的良好状态，但大学生思想政治教育中依然存在着诸多的问题，对此，高校必须高度重视，并采取创新的措施解决这些问题。大学生思想政治教育创新发展路径不仅仅有以上几点，更多是需要我们在教育实践中不不断地探索。

第四节 协同理论视角下的大学生思想政治教育创新

中共中央早在 2004 年《关于进一步加强和改进大学生思想政治教育的意见》中就明确指出："要把大学生思想政治教育摆在学校各项工作的首位，贯穿于教育教学的全过程。"可见，加强大学生思想政治教育工作是高校的首要目标。大学生思想政治教育工作是一个复杂的系统工程，既涉及大学生思想政治工作内部各要素的关系，又涉及思想政治教育与高等教育其他子系统的关系，只有协调好这些关系才能增强大学生思想政治工作的实效性。为此，笔者尝试从协同理论的视角进行分析，为增强大学生思想政治教育工作实效性提供新思路。

一、协同理论视域与大学生思想政治教育的联系

（一）目标一致性

在当下大学生思想政治教育过程中，要想提升教育教学的有效性和实效性，需要依托于其它教学方式的融入，以此来形成具协调性、广泛性与规律性的教学体系。而思想教育的教育目标与协同理论的目标呈现出一致性。所以将协同理论渗透于大学生思想政治教育中有着重要的作用，可以有效发展学生的思想道德综合素质，自身形成有效的组织意识，促使思政教育达到事半功倍的效果。

（二）系统开放性

协同理论主要包括教育方式、教育内容以及组织形式等诸多的子系统，而每一个子系统下面还存在着更小的子系统，虽然它们之间是一个个独立的个体，但是彼此之间却也存在着相互协调发展的关系。而大学思政教育本身就具有较强的开放性，因为大学思政教育不仅注重对我国政治政策信息进行获取，同样还汲取着国外的先进教育经验和手段，由此可以看出，二者之间存在开放性联系。

（三）合作多元性

协同理论的研究，是以不同事物为基础，研究其事物自身的协同机制与特征的一种学科理论。虽然协同理论最初体现在自然界的规律体现之中，但是当下协同理论已经被人们逐渐运用各类学科之中，进而为人们的研究和探索提供多元化的思想和方式。经相关调查研究发展，协同理论已经被广泛运用到经济学、化学、社会学以及物理学等领域中，提供了多元化的探索方式。所以，将协同理论融入到思政教育之中，可以体现出二者之间的合作多元性，提供了全新的研究视角，并为相关研究者拓展出新的思维方式。

二、将协同理论引入大学生思想政治教育工作的可能性分析

（一）大学生思想政治教育工作是一个开放的、复杂的系统

协同论的自组织原理指出：任何系统，如果缺乏与外界环境进行物质、能量、信息的交流，就会处于孤立状态。这种孤立状态破坏系统内部的有序结构，致使整个系统失去生机。大学生思想政治教育面临的内部、外部环境复杂多变，这就要求思想政治教育工作者及时应对环境的变化，从中获取各种对大学生进行思想政治教育的相关信息，加以整理，及时将其输出给大学生，以保障思想政治教育系统的有序发展。大学生思想政治教育工作系统由教育者、受教育者、组织、环境等要素组成。各要素之间的相互影响、相互作用的关系均处在不断变化之中，因此思想政治教育工作是一个复杂的系统。

（二）协同论具有普遍的适用性

协同论又称"协同学"或"协和学"，是德国著名物理学家哈肯在 20 世纪 70 年代提出来的。协同论是研究不同事物共同特征及其协同机理的新兴学科，是系统科学的重要分支理论。从协同论的原理看，协同论所揭示的一般原理和规律，为人们研究自然现象、生命起源、生物进化以及社会发展等复

杂事物的演化发展规律提供了新的原则和方法。从协同论的应用范围来看，目前协同论已在自然科学领域和人文社会科学领域的取得了重要研究成果，其广泛的适用性显而易见。鉴于此，将协同论引入大学生思想政治教育工作研究不失为一个新的理论视角，这对于大学生思想政治教育理论的发展以及现实问题的解决会起到积极的促进作用。

三、大学生思想政治教育工作引入协同论的现实性

（一）协同是大学生思想政治教育工作发展的客观要求

协同论指出，系统能否发挥协同效应取决于系统内部各子系统的协同作用。如果各子系统能协同合作，系统的整体功能就能得到最大限度的发挥。如果大学生思想政治教育工作系统内部的教育者、受教育者、组织、环境等各子系统内部能够协调、子系统之间能够相互协同，就能产生整体功能大于部分功能之和的协同效应。相反，如果大学生思想政治教育工作系统内部各子系统相互冲突，就不能充分发挥各子系统应有的功能，导致整个系统处于无序状态。在当前新的历史时期，协同创新已成为国家提高科技竞争力和综合经济实力的重要途径。面对知识经济时代信息技术的飞速发展，人才需求的新变化，大学生思想政治教育应适应新形势、新任务的要求，为创新型国家建设培养高素质的人才。在这样的背景下，大学生思想政治教育要做到与时俱进，要做好两方面工作：一方面，要协调内部各子系统之间的相互关系；另一方面，协同一切影响系统发展的外部力量以弥补系统自身发展的不足。如与政府、高校、科研机构、企业开展深层次合作，通过大学生参加社会实践活动增强思想政治教育工作的实效性。

（二）自组织是大学生思想政治教育自我完善的基本途径

所谓自组织是指系统内部各子系统即使没有外部指令也能按照某种规则自动形成一定的结构或功能。协同论的自组织原理指出，协同是自组织实现有序发展的手段。同样，自组织也是大学生思想政治教育工作有序发展的基本途径。而大学生思想政治教育工作要实现自组织过程，必须具备自组织实现的两个基本条件。其一，系统必须是开放的系统。一个系统只有与外界进行物质、能量、信息的交流，才能存在和发展。大学生思想政治教育工作系统是一个开放的系统，在教育者和受教育者的共同努力下能与复杂多变的外部环境进行信息的交流，保持自身的有序发展。其二，系统内部各子系统必须协调合作。只有系统内部各子系统减少内耗，才能充分发挥各自的功能。

大学生思想政治教育工作各子系统内部以及他们之间要能够相互协调配合，实现各自功能的最大限度发挥，产生协同效应，从而保持大学生思想政治工作系统的有序发展。

四、协同理论视角下的大学生思想政治教育工作对策

（一）建立大学生思想政治教育工作系统内部协同关系

一是思想政治理论课理论教学与实践教学的协同。高校思想政治理论课，承担着对大学生进行马克思主义理论教育的任务，是对大学生进行思想政治教育的主渠道、主阵地。然而，思想政治理论课现存的一些问题影响了其育人功能的发挥。如教师对教材的挖掘不够深入、学生对教材的使用率不高等因素使得思想政治理论在课堂上很难进学生头脑；加之思想政治理论课实践教学形式单一、陈旧等因素，也严重影响了思想政治理论课实践育人功能的发挥。如果能通过多种形式实现思想政治理论课理论教学与实践教学的协同，在兼顾学生专业实际的同时，贴近学生思想实际、联系社会发展实际、结合单位用人实际，势必能激发学生接受思想政治教育的自觉性和主动性，增强思想政治理论课教学的实效性，完成立德树人教育的根本任务。

二是思想政治理论课教学队伍与思想政治工作管理队伍的协同。思想政治理论课教学队伍与思想政治工作管理队伍作为高校思想政治教育的两支主要力量，工作内容虽有所不同，但最终目的是相同的，即帮助大学生形成科学且坚定的政治立场，引导大学生树立正确的世界观、人生观和价值观。因此，大学生思想政治教育工作的有效开展离不开这两支队伍的协调配合。各高校可以制定符合本校实际情况的专职教师分院系任教制度和思想政治理论学习课外指导制度。通过这些制度的实施，一方面可以固化思想政治理论课教师与院系的关系，增强思想政治理论课专职教师对大学生思想政治管理工作的支持。另一方面，可以强化思想政治工作管理队伍对思想政治理论课教学的支持与配合。通过大学生思想政治教育工作内部各子系统的协调，充分发挥各子系统的优势，有利于形成思想政治理论课教学队伍与大学生思想政治工作管理队伍的深度融合、协同联动的工作格局。

（二）建立与校内和校外系统的协同关系

协同论认为，在整个环境中，千差万别的系统间相互影响、相互合作。大学生思想政治教育工作机构虽然是整个思想政治教育工作运行的核心，但只有实现各种思想政治教育资源在高校内部互通有无、互相渗透，才能发挥

其最大功能。

一是建立校内协同关系。一方面，要建立与大学生思想政治教育工作相关部门之间的协同关系。高校大学生思想政治教育工作部门主要涉及思想政治理论课教学部、学生处、团委、心理咨询中心、就业指导中心等部门，各部门拥有的物质资源、实践资源和网络资源具有共同的德育目标，相似的德育内容，且各有所长，可以通过相互渗透，实现优势互补，提高资源的使用率。另一方面，要建立与大学生思想政治教育相关学科之间的协同关系。从各高校的实际出发，坚持"高素质为本，高能力为重，高就业为导向"的办学理念，建立就业教育、职业道德教育、心理教育与思想政治教育的协同关系。通过不同学科之间的相互沟通和渗透，加深对学生的了解和认识，提高大学生思想政治教育工作的针对性和实效性。

二是建立校外协同关系。同政府、科研机构、企业开展深度合作，积极推动协同创新，促进资源共享，是新时期高等教育发展新的突破点，也为加强大学生思想政治教育工作指明了方向。建立这种协同关系，既有利于促进地方经济的快速发展，又有利于高校培养适合社会发展的实用人才，提高大学生的综合素质，促进大学生就业。各高校可围绕地方区域经济发展，与政府之间开展深度合作，建立协同创新战略联盟。一方面，根据自身的办学条件和特色，科学处理基础研究与应用开发的关系，与政府机构合力打造产学研用平台，坚持以行业、企业需求带动科研，以科研促进教学的产学研发展思路，利用学校的人力、物力资源开展应用性研究，进行产品研发，培养地方区域经济发展所需的高技能应用型人才。另一方面，各级政府部门通过加强应用型人才、技能人才的统计与需求预测，定期发布人才需求预测报告，为高校人才培养提供信息保障和咨询服务。与此同时，思想政治理论教育工作者可以在大学生参加的各种实践、实习活动中，协同专业课教师，加强教育和引导，帮助大学生树立正确的世界观、人生观和价值观。

第八章 互联网思维与大学生思想政治教育的结合

第一节 互联网思维与高校思想政治教育的融合性

互联网的普及使得其不仅仅作为一种科学技术，而是可以作为一种新型的思维方式，具有普遍的认识论意义，可以实现对社会、政治和经济之间的深刻影响，对社会产生较大的变革，并在社会的各个领域产生深远的影响，逐步在社会发展中产生影响。高校教育的普及使得高校应该担负塑造青少年核心价值观的重任，特别是高校大学生通过网络处理日常事务的习惯已经养成，网络的使用率极高，因此应该充分的利用互联网的思维，对现有的思想政治教育工作理念和方法进行创新，提升高校思想政治教育质量。

一、互联网思维概述

（一）互联网思维定义

互联网技术的出现对人们的生活产生了重要的影响，对于人们的工作方式和原有的生活方式进行转变，也使得高校网络思想政治教育进入到一个新的发展阶段。互联网思维是指通过移动互联网技术、大数据技术、云计算技术等较为先进的科技，将市场、产品、企业价值链以及整个社会形态进行全面的审视，通过互联网的思维去考虑问题，创造一种新型思维方式。但是互联网思维是一种技术性的方法，既不是技术性的思维，也不是工业化的思维，而是一种传统化的思维方式，而是一种不断的使用中形成的一种可以得到认同的思维方式，是时代发展中的产物。

（二）互联网思维的特征

互联网思维不是强调的技术概念，而是一种观念和方法论，从一般意义上理解，互联网思维是指在大数据时代下的，通过计算机、云存储等手段的规则和机会对技术进行创新，使得人们的思维方式和规则进行提升，发挥互联网的精神和价值进行问题的思考。互联网思维是一种不同思维碰撞的过程，可以实现多方参与、多方共赢的生态环境，提倡思维的碰撞，这是网络平台多样化的前提，也是针对不同的网络平台进行策划和宣传的核心，对于网络主体的建设和发展起到全面的支撑作用，需要结合实际的平台管理对思想进行关注，采用适宜的调试方式，将素材与内容进行最终的定位，实现平台的整体管理，达到不同的思想需要。

二、互联网思维模式融入到高校网络思想政治教育中的必要性

互联网技术的普及速度是非常快的，特别是在青少年群体中使用的频率非常高，特别是高校大学生，由于日常的学习时间较为宽松，在学习之余通过互联网进行交流已经成为一种主要的形式，因此互联网的思维对高校学生的影响是非常大的，高校在进行思想政治教育中需要结合现阶段高校大学生的思维特征，采用互联网模式下的高校思想政治教育。互联网对社会及青年学生的影响是全方位、多维度的。

（一）社会发展的必然要求

我们所处的时代是第三次工业革命的产物化社会，可以对于社会的影响力全面的提升起来，使得人们的生活方式和思维方式出现巨大的转变，直接的导致上层建筑出现变化，已经超越了原有的思维基础，逐渐地成为主流的思想。高等教育的进步就是社会发展需求的体现，教育与社会的发展程度息息相关，特别是高等教育，在一定的程度上和社会的发展水平存在非常密切的联系，是全社会参与的复杂活动，因此高校的思想政治教育工作的需要结合社会发展的特点，将网络传播策略和发展特点荣誉到课程设计中，采用与时代发展相一致的思想岁时代的文明和教育工作进行安排，加强高校的思想教育理论的创新，进行实践的探索。

（二）受众群体进步的结果

网络的使用在青少年中普及度极高，已经逐渐的取代传统媒体成为青少年学生获取信息最广泛的渠道，对于他们的交往方式和思想行为产生了重要的影响，在思想和行为上具有明显的特征，使得传统的思维引导存在弊端，不能有效地对受众群体进行全面的引导，使得高校的思想政治教育出现瓶颈。因此高校的思想政治教育需要结合时代发展的特点，有针对性地制定适宜现代大学生的思想政治教学规划，尊重受众群体的特点，更加有效的提升思想政治课程的教学质量。

（三）实现教学目标的体现

人的思维是自由的，可以在社会发展的角度下得到全面的发展，体现个人的能力和个性，对人的思维进行全面的拓展。高校在进行思想政治工作的过程中关注的焦点应该是学生的道德品质的培养，将学生的思想道德观念作为主要的出发点，帮助学生树立正确的世界观、价值观和人生观，实现自身条件的全面发展，利用自身的优势与时俱进，养成良好的道德规范。互联网思维在商业模式运作过程中尊重了差异性，重视学生对于课程的整体体验，将学生的个性差异进行分析，学生在学习中的参与度也得到关注，利用互联网大数据时代的技术手段，对互联网思维中的政治工作的精华进行掌握，积极吸取不同的成果，使得政治工作得到更加全面的发展，促进青年学生的成长，达到与时俱进的需要。

三、互联网思维模式融入到高校网络思想政治教育中的优势

互联网思想诞生于互联网实践工作中，可以将其使用到网络思想政治工作中，作为互联网实践的分支，对思想政治教育工作进行创新，这样可以帮助学生获得更多的受教育机会，增加学生与学校之间的交流与沟通，通过学生学习习惯和兴趣点的收集和整理对数据进行分析，围绕学生的特点和对知识的接收特征进行课程的设计，转变以往的教学模式，提倡以学生为视角进行教学学习，转变传统的教学理念，促进教育的单向度思维方式，让高校的教育人员充分地意识到互联网教学中学生的主体地位，教育的重点放在学生的角度，从学生的角度进行分析，制定更加适宜大学生思想的教学计划，使得整体的教学思想出现转变，制定更加适宜管理教学的各项规范。

在网络思想政治教育工作强化的过程中，对于网络思想道德的影响是结合互联网的理念、模式和精神整体角度的思想，也是使用创新性思维进行管理的基础，可以将系统性的思维与实际的教学活动整体地结合起来，不断地满足高校学生的受教育需要，对网络化的生态环境进行更加全面的思考，提升整个教育的质量，并在教育中重视从互联网思维角度思考问题，全面的提升思想政治教学的效率。

四、互联网思维模式融入到高校网络思想政治教育中的困境

互联网思维作为一种开放型的思维方式，主要是强调主体的思想自由性和可参与度，在实际高校教学中网络思想道德教育需要进一步的进行整合和创新，和传统的思想相比较，互联网思维下的教育方式更加贴近学生的角度，

主张教育主体和客体之间的平等性，倡导学习之间的共建，这样的教学思维与传统的教学之间存在冲突，从根本上和传统的教学不同，因此互联网思维下的高校思想政治教育推进的过程中存在困境，具体表现为：

（一）互联网思维与实践生活融入性不强

互联网思维虽然随着社会发展逐渐地在社会中得到渗透，从互联网思维尊重受重群体的基本需求是主要的特征，但是这样的理念与传统的教育理念之间存在一定的偏差，如果完全从互联网思维的角度安排思想政治教育课程，就会出现高校对于教学设计不适应的情况。

（二）互联网思想不同步

沟通是促进思想进步的基本条件，也是互联网思想政治工作开展的重要举措，也是推广的基础，但是这个过程需要进一步的进行沟通与交流，这样才能将教学进行更加细致的安排。但是互联网思想与传统的教育方法存在区别，需要主动的顺应发展规律。

（三）思想参与性不足

作为一种教育沟通平台和渠道，互联网思想与传统的教育相比较而言具有更加丰富的资源和信息，可以更加快捷的实现思想的交流与沟通，因此需要将传统的教育思想与新的互联网思想进行整合，将线上线下资源引入到教学中。但是这样的整合方式会出现一定不融合的情况，使得高校在进行资源整合方面存在问题，不能及时的实现资源之间的共享，造成教育之间存在一定的衔接问题，使得信息之间存在不对称的情况，互联网思维模式的传播不充分，影响整体的教育发展与进步。

五、互联网思维模式融入到高校网络思想政治教育的途径

（一）提升互联网思维定位准确性

互联网思维是一种局域互联网技术的系统化思维，为了更好地实现对互联网思维的传播，在实际工作中应该切实的做好接入工作，积极的对互联网思维进行传播和研究，特别是高校教育人员的能力方面，积极进行思想的普及，重视互联网思维与网络思想政治教育的关联性，并以此为基础进行实践，促进思想的融合。同时需要结合社会以及网络环境的变化进行适当的调整，重视教育对象以及知识体系的形成，将互联网思维作为一种主流的价值观渗透到教学中，更好地实现教学资源的管理和整合，全面的促进教学的进步与

发展。最后，需要对学生的学习特点进行分析，借助大数据时代的特征，综合的分析学生对于思想政治网络课程中不同的教育部分的喜好，了解学生对课程的认可程度，及时的针对问题进行分析，不断的对课堂教学活动进行优化，使得整个的课堂教学活动更加的符合网络化的特点，自由度更高，实现整体的管理。

（二）提升思想教育和谐性

网络化的思维方式和管理方式需要和现代化的教学手段相结合，因此在教学中需要坚持中心化的网络思想政治教学思想，语言的表达方面更加的丰富多样，结合思想政治以及教育的特点安排各种课程，同时将理论性的术语与实践进行几何，使用普通大众可以理解和易于接受的话语表达出来，实现由单纯抽象理论灌输向直面实际生活转变。同时需要在进行网络思想政治教学工作中，积极地听取学生自身的意见，及时地得到学生对课堂教学活动的反馈的，逐渐的对课堂活动进行更加丰富的处理。结合高校学生实际需要对课程进行安排，重视受众群体的反馈，展示出网络教育的优势，让学生可以积极地融入教学中，配合思想政治教育课程的开展，使得思想政治课程发挥真实的效果，展示出自身应有的魅力。在进行互联网思维模式下的课程时，对于学生的需求需要进行关注，采用学生习惯的方式进行授课是进行教学的关键方面，也是课程创新的前提。

（三）加快资源平台整合

网络思想政治课程需要重视资源的整合，针对现阶段教育资源分散、教育平台较多的情况，高校应该针对性的对这些资源进行整合，对资源平台进行分类，结合特点制定不同的资源整个圈子，打破平台之间的边界桎梏，实现资源效应的最大化处理，将资源之间进行更加全面的融合。

互联网的使用使得人们生活方式和思考方式发生重要的变化，对于人们思维的影响逐渐地形成，当校园各方信息的系统化整合分析平台一旦建立，可以广泛通过查询、统计、分析等应用功能，进行教育主体群体的特点研判及发展跟踪。

互联网服务中产生的各种信息真实准确地反映着青年学生的思想动态和价值观念，是思想政治教育最宝贵的财富。通过互联网思维对网络思想政治课程进行整合可以对教学质量进行提升，促进思想政治课程的全面发展与进步。

第二节 互联网思维下的高校思想政治教育创新探讨

互联网已成为 21 世纪全球经济发展的主要助推力，互联网的出现改变了人们的传统生活方式，而青年学生是整个社会发展的主要力量，校园又是网络普及率极高的区域，运用互联网思维推进思想政治教育的创新发展，促进思想政治教育传统优势与信息技术的高度融合，是当前急需解决的重要课题。

一、互联网发展阶段分析

（一）门户时代

互联网门户时代主要是以网络内容为主，内容的提供方式则是通过静态网站实现信息模块的展示，广大用户再通过搜索引擎对内容进行聚合，从而实现对信息的获取。门户时代互联网搭建了一个全球性的图书馆，在这一图书馆中，全球用户都可以参与其中，这种模式也是一种全面的创新，打破了传统的文化交流方式，人们的思想意识也得到了解放，而广大网络用户通过共享自身的动力获得了人们的认同，这种满足感是传统交流方式给予不了的。

（二）社交时代

社交时代的互联网是一个宽广的公众平台，用户在提供信息之后，其他用户就可以通过网络获取相关信息。借助于社交网络的初阶发展，互联网实现以用户为中心，Web1.0 时代逐渐被 Web2.0 时代所替代，内容本身不再是内容生产的最终目标，更多的是通过内容而充分展现自己。特别是在移动终端与互联网相互融合的形势下，使互联网能够随时分享用户所需的信息，让用户与用户之间更好地交流，这在一定程度上为用户提供了便利，与此同时，用户在互联网中无论是提出见解，还是改变沟通方式，都不受时间和空间的制约，这为移动互联网的深入发展奠定了坚实的基础。此外，极大程度改变了用户的生活方式，例如，通过微信在线支付、利用手机开启共享单车等，使用户在无形之中提高了生活水平，让生活更有效率，以吸引用户更加注重内在需求、探求个性化表达及寻求认同。

（三）大互联时代

对于大互联时代来说，它是以服务内容为主的互联网系统，其特征是：

一是主动性。它主要是对用户的主动提取索取加以合理分析，并给出用户所需的信息。二是大数据。它主要是根据相关数据统计所需的商品或服务，帮助用户做出更科学的分析。三是多维化。它主要是指先进的多媒体技术或播放形式。此时，互联网不再只是简单的为用户提供信息和交流的平台，而是越来越人性化、智能化，并能够充分掌握用户的需求。在智能互联网技术的背景下，用户能够找到适合自己的小圈子，帮助用户学会与他人和谐相处。同时，智能互联网还完善了各种制度体系，以防平台出现任何偏差，以提高智能互联网的服务质量。

二、互联网环境下青年学生思想和行为的新呈现

每一代人都有自己的成长过程和特点，也有自己成长的规律。了解青年、了解真实的青年，是我们开展思想政治教育的必要前提。有信任才会有交流，有交流才会有沟通，有沟通才会有影响，有影响才会有传承。习近平总书记讲，"教育对象到了哪里，我们就应该到哪里"，这就要求教育工作者必须了解在互联网环境下成长的一代人因为互联网而具备的能力和内在水平、需求和想法、思考模式和行动逻辑。作为当代社会技术文明的重要成果，互联网在相当程度上，以技术的手段反映了当代社会形态的基本特征。互联网用户的群集特征，在青年群体中也得到直接反映。所谓群集模式，是指在这套网络中"任意一根发条的某个特定动作都会传递到整个系统，而系统的局部表现也更容易被系统的整体表现所掩盖。从群体中涌现出来的，不再是一系列起关键作用的个体行为，而是众多的同步动作"。比如有学者提出在网络"活系统"特质中，次级单位具有较高的主动性和影响力，次级单位之间彼此高度关联，点对点的影响通过网络会形成非线性因果关系。网络及网络社会的特质，为当代青年的成长提供了最直接的土壤和舞台。只有深入了解同时具有"网络原住民"属性的当代青年的需求和想法，才能贴近教育对象、引导教育对象。

（一）当代青年学生更加注重体现主体性和独立性

互联网思维的核心思想是互联网在发展中始终遵循用户思维，凸显用户至上、以人为本、体验为王，互联网企业不断追求专注、极致、口碑、快，让在互联网环境中成长起来的学生也更加关注体验感、获得感、满足感。互联网提供的学习平台给了学生多样性的选择，网络互助式的问答平台和社区、"慕课"等为学生的学习提供了课堂外更多的辅助渠道，学生带着主动性在网络世界寻觅所需信息。在知识探究的过程中，他们更加希望能够亲身参与研

发和设计环节，表达自我，体现自己的独立性和独特性。在社会实践活动中，也更加体现出"我要做"，而不是"要我做"，更加注重做的过程要符合自己的感受、满足自身的个性与需求。因此，我们需要更加主动地提供体现学生主体性的平台，引导学生在主动参与有益身心的学习活动中获得成长、体现价值。

（二）当代青年学生更加注重获得话语权和影响力

互联网提供开放、共享、自由的交流平台让人人成为信息的发布者，人人都在一定范围内掌握了自己的话语权。在互联网环境中长大的一代青年学生具备了不同的品质，早年在家里习惯的"大人讲话，小孩别插嘴"逐渐演变成面对长辈父母"有些事情无须抬杠，表面服从偷偷反抗"的心理过程。微博、微信、朋友圈、QQ空间、知乎等平台记录了学生成长过程中实时的心理和思想动态，他们习惯于在交流互动中即时表达自己的观点，在他们的成长过程中，互联网如影随形，而他在互联网上的一举一动、一言一行是有回声的。进入学校后，学生有更大的积极性参与学校的管理，表达自己的观点，尤其涉及自身利益的领域，一旦有不被尊重的遭遇，就会成为学生的集体"槽点"。因此，在思想政治教育开展过程中，教育者需要放下身段，转变方式和行事风格，增强亲和力和感染力，要意识到学生在互联网思维下对于话语权的要求，给予学生平等的对话机会，满足青年学生成长发展的期待，增强青年学生接受思想政治教育的内生动力。

（三）当代青年学生知识信息获取的广度和深度上的矛盾统一

互联网信息量大、交流速度快，成为青年学生寻求知识的主要手段，"内事不决问百度"，遇到问题、难题上百度等搜索引擎获取帮助成了学生的行为习惯，而海量的信息资源总能满足学生的需求。随着移动互联网的发展、"即时交互"的出现，通过一部智能手机即可完成线上学习的过程，学生可利用"碎片时间"进行学习，提高学习的效率。各种数据库、案例和研究资源，能够帮助学生对感兴趣的领域进行有深度的创造性研究。在互联网时代，学生的知识掌握宽度和深度不再仅仅依赖课堂和老师，他们的学习方式更加丰富，宅在家中也能学遍天下，学海无涯不再是苦作舟。智能互联网与社会生活之间的互动作用愈加强烈，让学生知识面更加宽广。同时，有的青年学生在交流中容易表现出"华而不实、全而不精"的特点，知识信息的广度和深度上的矛盾统一十分明显。由于获取信息的手段与方式方法发展迅猛，导致学生很多时候不需要记忆——知识变成了一种随手可得的存在，进而缺乏潜心专研的耐心。这是人脑和信息化的博弈，并且人是社交动物会互相影响，很多人很难避开这样的"接收陷阱"。

（四）当代青年学生表现出更为明显的易变性和随意性

互联网时代对于学生最大的影响是信息的爆炸性增长，特别是当一个高中生从相对封闭的地方到了大学拥有更多私人时间空间的时候，通常会被海量信息所冲击，但是同时又有太多是无用信息或者说是对于个人成长没有价值的一些娱乐新闻之类消息。在"三观"尚未固化前，他们对待事情的看法更加随意化、更加易变，在这个时候他们极易改变自己的想法。他们常常倾向于信任专家系统和话语言论，但受制于自身学识和生活经历，往往对部分专家的资质和专业水准缺乏更准确的判断。互联网给予学生快餐式的信息即刻获取方式，很容易点燃他们的兴趣，但也很难使他们进一步获得更系统、更深入的认识。比如有些学生看了"奇葩说"这个节目就以为懂了辩论，却不知道辩论活动的历史由来、当下规则和实质核心。看上去什么都懂，其实只是一知半解。他们容易表现出对事物三分钟的兴趣热度，却很难沉下心来，执着地去追求和发掘。在网络多声道话语体系的包围中，这些青年学生难免迷茫、浮躁和动摇。

三、互联网环境下思想政治教育主体与育人方式的新特征

当前，网络已经成为高校师生学习生活的"第一环境"，也是高校思想政治教育工作面临的"最大变量"。在互联网环境下，思想政治教育的主体与育人方式也发生了较大变化，把握这些新特征，是适应互联网时代、运用互联网思维创新思想政治教育的一个重要着力点。

（一）互联网的创新发展拓展了思想政治教育主体的思维视域和研究方法

首先，互联网平台和大数据应用不断丰富和拓宽思想政治教育主体的思维视域。在思想政治教育实践中，教育者同受教育者、教育者同教育内容之间存在一个不断理解、不断深化认识的过程。在早期的思想政治教育实践中，由于教育主体主观认识以及客观工具等因素的限制，教育者对教育对象、教育内容的认识和把握容易存在片面性。在互联网时代，丰富的信息资源、便利的交流方式使教育主体的思维视域逐渐开阔，对教育对象和教育内容的理解更为深入和全面，这也使得思想政治教育主体的实践能力不断提升。其次，思想政治教育主体的研究方法更为多元便利。思想政治教育是一门科学，一方面它具有较强的实践性，另一方面它也具有丰富的理论蕴涵。思想政治教育工作者需要面向客观发展实际，坚持问题导向，不断创新基础理论，从而

满足思想政治教育实践发展的现实需要。在理论研究中，互联网的创新发展为丰富和创新研究方法论带来了巨大便利，思想政治教育工作者可以通过互联网平台，借助大数据思维，更加快捷有效地掌握思想政治教育实践的客观实际，创建和发展思想政治教育实践模型，这些使得现代思想政治教育工作者的研究视域、研究效率、研究能力都有所提升。再次，思想政治教育主体的工作体验更加丰富饱满。在互联网环境中，教育主体与教育对象的交流不断增进，通过有效的线上互动，教育者容易得到更多的交互信息和教育反馈，这一方面会增强思想政治教育主体的获得感、满足感，另一方面也会不断增进思想政治教育主体的问题意识与现实导向，从而不断丰富思想政治教育主体的工作体验。

（二）互联网的创新发展使思想政治教育方式更加灵活多样

思想政治教育方式直接关乎教育实践的最终效果，多样灵活、绵绵用力、持续推进的教育方式更易受到当代青年的欢迎。互联网的创新发展，为思想政治教育方式的创新发展提供了必要保障。一方面，思想政治教育的方式更加多样。互联网的创新发展，为丰富思想政治教育方式提供了坚实的技术支持，它不仅更新着思想政治教育主体对教育方式的认知，同时也在不断丰富和深化新的教育方式。"慕课""翻转课堂""智慧课堂"以及各种互联网交流平台，以其独特的方式和魅力在思想政治教育中发挥越来越重要的作用。另一方面，思想政治教育的方式更加隐喻。网络是当代文化的一种重要类型，网络行为已经逐渐成为人的一种重要生活方式，用教育对象自己的生活方式、为他们喜闻乐见的网络文化现象对其进行教育，更加凸显了网络思想政治教育的隐喻性，可以使教育对象在潜移默化中接受教育。

四、互联网思维下思想政治教育的创新发展

马克思指出，"整个所谓世界历史不外是人通过人的劳动而诞生的过程，是自然界对人说来的生成过程"。他推动了哲学思维从本质主义到生成性的革命性转变。思想政治教育理应以开放的态度、动态的视角，顺应其环境条件变化。习近平总书记在全国高校思想政治工作会议上强调，做好高校思想政治工作要因事而化、因时而进、因势而新。互联网环境下，要立足互联网影响下的学生特点，用互联网思维推动思想政治教育的创新发展。

（一）遵循用户思维，满足青年学生成长发展的期待

互联网天生的开放平等、互动共享特征，使它在教育上会打破教育者与

教育对象的疆界，淡化教育者的权威。互联网消解了信息传播者之间的地位差异，即传统信息传播中的"把关人"地位弱化，在互联网中的任何人都是地位平等的信息传播者，都是自己的"把关人"。马克思早在《共产党宣言》中就明确指出，取代资产阶级社会的"将是这样一个联合体，在那里，每个人的自由发展是一切人的自由发展的条件"。我们想达到的理想社会形态，就是要实现每个人的全面发展。思想政治教育是一门发展性、包容性很强的学科，从政治性而言需要从宏观上认识社会发展的方向和要求，从思想性、教育性而言也需要根据教育对象现实的个人考量，二者统一于促进和实现人的全面发展。思想政治教育是做人的工作，首要任务是要把人聚集起来，体现"以学生为中心"的思想，相互尊重、平等交流，激发学生的内生动力。不论是在互联网的哪一个阶段，互联网思维下成长的一代都更注重沟通与交流，都更注重话语权与参与感；教育者必须重视教育对象特点的改变，转变工作的思维和方式，淡化传统的权威，倡导自由沟通，平等对待教育对象。在思想政治教育的动力机制方面，要转化主客体的力量配比，进一步激发学生的主体性，让学生主动并乐于投入其中。我们需要创新机制、搭建平台、深化内容，围绕学生、关注学生、服务学生，满足学生成长发展的期待，培育学生的认同感与获得感，激发学生成长发展的内生动力。

（二）遵循平台思维，增强思想政治教育的包容性和互动性

互联网思维提倡打造多方参与、多方共赢的生态圈，鼓励开放、共享、共赢。在网络平台日益多样化的前提下，针对不同的网络平台，一方面应有共同的核心价值观和文化宣传规划，对主体的建设和发展起到全面的支撑作用；另一方面又需要根据各平台用户的言行特征进行有效调适，使素材与内容的组织符合各平台的定位，最终实现平台多姿多彩、用户各取所需。从教育阵地来说，要衔接好理论课程与专业课程育人作用的关系，思政课唱主角，在构建为学生一生健康成长奠定科学思想基础方面发挥主导作用，还要广泛发挥众多专业课程特别是哲学社会科学课程的育人功能，形成主阵地主渠道的强大育人平台。高校思想政治教育管理主体不仅要树立协同意识，聚焦重点问题，还要打造思想政治理论课与日常思想政治教育协同育人的"软环境"，即制订科学有效的制度机制。在教育力量上，既要发挥"教师思政"的作用，还要积极调动"学生思政"的主体能动性，使学生的身边人、身边事成为他们自我教育的生动教材，用学生的话语体系丰富思想政治教育的穿透力和亲和力。在教育路径上，推进教师主体向学生客体的单向传输向教师主体与学生主体的交互转变。在教育内容上，要增强政治性、科学性、历史性和文化

性的融合，增强感染力和持久力。能够触抵心灵、引发共鸣共情的思想交流才会入耳、入脑、入心，实现旷日持久的影响作用。在阵地建设上，要着力破解网络、传统媒体统筹协调的问题，加强网上网下的工作统筹。

（三）遵循跨界思维，增强思想政治教育协同育人合力

互联网跨界思维主张借用互联网的模式，关注的是从用户的需求视角，打破产业边界和产品形式的桎梏，大胆创新、敢于跨界，让用户得到更多样化的选择和多元化的体验，尽可能实现一站式服务，不断提升主体的黏度。要充分发挥中国特色社会主义教育的育人优势，以立德树人为根本，以理想信念教育为核心，以社会主义核心价值观为引领，以全面提高人才培养能力为关键，一体化构建内容完善、标准健全、运行科学、保障有力、成效显著的高校思想政治工作质量体系，形成全员全过程全方位育人格局。要充分发挥教书育人、管理、服务、科研、实践、文化、网络、心理、资助、组织等方面工作的功能，挖掘育人要素，完善育人机制，优化评价激励，强化实施保障。

（四）遵循迭代思维，增强思想政治教育的创新性和创造力

互联网思维下的思想政治教育要拥抱技术、顺应技术发展，做到不被抛弃、不被放弃。互联网科技日新月异，而高校学生往往是最新科技、最新技术的最新接收者，而教育者往往是被动、落后地使用某项互联网技术，表现出来的情境就是似乎"永远慢一拍"。当教育者熟悉使用博客的时候，学生玩微博了；当教育者占领微博阵地的时候，学生开始玩微信了；当教师开始利用微信公众平台开展学生工作的时候，学生去玩直播了。即使我们在使用互联网工具处理思想政治工作问题，这也不是拥抱技术、顺应技术的发展。因为互联网不是一种工具，而是一种思维，因此我们不能选择用还是不用、多用还是少用，或者什么时间用，而是人人都需要面对这种工作方式的改变。互联网时代，对于思想政治工作，教育者也需要审时度势，只有将兼具即时性和智能性的互联网的平等、开放、互动、共享有效融入思想政治教育，结合思想政治教育的内容、载体、方式方法开展工作，才能做到不被抛弃、不被放弃。比如在网络舆论引导工作中，需要深入研究把握当前经济社会发展的阶段性特征，研究把握青年学生的网络思想行为特点，研究把握网络舆情的传播发展趋势和演变规律，改进创新网上宣传方法和策略，科学运用战略战术，提升议题设置能力，深入开展网络舆论引导，把握好网上舆论引导的时、度、效。

（五）遵循大数据思维，增强思想政治教育的生动性和智能化

近年来大数据技术的快速发展深刻改变了我们的生活、工作和思维方式。大数据从样本数据变成全部数据，要在混杂数据中把握精准性，在寻求精准性过程中关注数据的全面性和系统性，关注相关关系和系统思维，避免简单因果关系的判断和简单线性思维。大数据思维最关键的转变在于从自然思维转向智能思维，使得大数据像具有生命力一样，获得类似于"人脑"的智能甚至智慧。新时代推进思想政治工作创新发展，需要秉持互联网价值观、坚持互联网思维，借助互联网的技术支持，健全完善模型，了解教育对象的信息于无形，根据教育对象的特点进行引导教育工作，再把经验转化成大数据留存、优化，进一步运用于思想政治工作实践。在互联网共享、多元的文化里面，学生更容易找到自己的生态圈，找到与自己兴趣爱好趋同的伙伴，更重视过程的愉悦，成功不再是唯一的考核标准。这就要求思想政治教育者要善于发现、挖掘、尊重学生的闪光点，在多元中主导，在多样中把握引导方向。"迅速崛起的网络社会是人类社会的新形态，无论人们怎样称谓这个社会形态，诸如网络社会、信息社会、后工业社会、高风险社会和不确定社会等，都明确地认识到这个社会是一个以海量信息供应引起了快速流动的社会。"生长并生活在这样海量信息供应下的青年学生必然会有更多的不确定性和选择的多样性、可能性。这就是智能互联网时代必须面对的课题。基于智能互联网，激励学生寻找自己热爱的事业、兴趣与爱好，即使这个喜好跟学习成绩没有直接关系，也可以让学生在爱好和寻找中得到思想的启迪、文化的熏陶和价值观的塑造。另外，如同所有兴趣爱好生态圈一样，我们需要保持高质量的思想政治教育生态圈，展现出思想政治教育的魅力，从而在尊重多元文化的过程中，有重点有聚焦，为教育对象提供最好的服务。

第三节　互联网思维在高校思想政治教育中的有效应用研究

思想政治教育相关工作对高校的人才培养而言是十分重要的，也是当前高校越来越重视的一方面工作。在互联网深入发展的大背景下，思想政治教育工作也遭遇了全新的机遇和挑战，相关工作人员不仅要对当前思想政治教育存在的问题形成深入的认识，还需对互联网大背景下的思想政治教育工作的发碾趋势做出分析，并以此作为后续工作的参考指导。

一、互联网思维在高校思想政治教育中进行应用的重要作用

高校作为培养人才的摇篮，面对社会人才需求的变化，各大高校也应当针对性的调整培养计划，以便走出校门的学生是符合社会实际需求的。就以往而言，社会对人才的需求比较偏向于专业型，即拥有某一领域专业知识的人才是社会所亟须的。但是，随着我国高校不断扩招，社会的专业型人才需求已经逐渐趋于饱和，社会对专业型人才的渴求已经不再像以往那么强烈。相反的，目前社会对综合素养水平高的人才更为重视，尤其是思想道德水平较高的人才。由此，思想政治教育工作的重要性就得以凸显。不仅如此，对学生进行德育教育是中国自古以来的教学内容，加强对学生的思想政治教育，不仅是社会的需求，也是对我国传统教育的尊重。

互联网发展已经比较成熟，而互联网思维的相关概念起源于 2011 年，尤其是在新浪微博出现之后，互联网思维对社会舆论的影响越来越明显。互联网思维所发挥出的作用越来越大，其不仅可以建立起一种虚拟的连接关系，构建一个交流网络。还可以实现在群体之间进行文字、图片、信息以及各类资源的共享。互联网不仅是社会进步发展的成果，也是社会发展的需求，对于高校的学生而言，互联网已经成为其日常生活中不可缺少的一个重要组成部分，通过互联网对其展开思想政治教育不仅是一种有效途径，还是符合学生兴趣特点、行为习惯的一种教育方式。

总的说来，在高校的思想政治教育工作当中对互联网思维进行充分的利用，其发挥出的作用可以归纳为三个方面。一是可以优化高校思想政治教育工作的模式，改善当前过于传统的思政教育工作模式，使其更加符合互联网时代。二是可以强化思想政治教育工作的效果，通过互联网这一广阔的平台，可以通过多种形式各异的手段展开思想政治教育工作，从而使学生切实接收到思想政治教育，促进其自身思想政治水平不断提高。三是可以构建更加和谐的校园氛围，完善校园文化。当前不少高校的校园文化氛围不够浓厚，其根本原因在于教师和学生之间的交流互动过少，导致学生和教师存在较大程度的脱离。通过互联网思维展开思想政治教育，可以有效拉近师生之间的距离，加强师生之间的交流，进而促进校园文化的建设。

二、互联网思维的发展优势

互联网思维之所在提出之后的短短几年之间就得到了迅速的发展，是因为其自身的优势十分明显，对各行各业都具有积极的促进作用，从而得到了各行各业的广泛应用和肯定。

首先，信息传播能力十分优良，互联网平台的样式多种多样，可供选择的应用方式种类繁多，这都是因为互联网平台具有十分优良的信息传播能力。在传播速度上，其远远超过电视、广播和报纸等一系列传统的信息传播渠道。在传播范围上，互联网可以将信息传播到的世界的每一个角落。在传播形式上，互联网不仅可以实现点对点的传播，也可以实现点对面的传播，还可以实现面对点的传播。

其次，信息交流能力十分显著。互联网的另一个优势就是信息交流能力非常突出，这对于高校的思想政治教育而言是十分重要的。由于互联网本身就具有交互性，能够实现信息的相互传递，加深不同个体之间的信息交流。

最后，网络内容丰富庞杂。就当前的实际情况而言，电子化和信息化已经成为一种主流趋势，各行各业都在积极进行电子化和信息化建设。就比如高校当中的图书馆，基本上都已经构建的信息化的网络图书馆，在友好高校之间，甚至还建立了图书馆的互联通道，实现了不同高校之间的图书馆资源共享。这对于高校的思想政治工作而言，也不妨是一条可以尝试的教育途径。

三、互联网思维对高校思想政治教育产生的影响

（一）师生之间的交流桥梁需要通过互联网思维进行搭建

在高校的思想政治教育工作中，目前存在的最大问题就是僧多粥少，即进行思想政治教育的教师人数很少，工作队伍不够大，而需要接受思想政治教育的学生过大，导致思想政治教育教师根本无法应对全部的学生，进而导致大部分工作都不得不流于表面，难以深入展开。就相关课程的教学来讲，不论是"思修"，还是"毛概"，都是采取大班教学，一个教师要在课堂上面对上百甚至几百个学生，教师根本不能和学生进行有效的交流。学生存在问题无法得到教师解答，教师也无法及时了解学生的内心思想活动，这就导致思想政治教育的成效无法得到保障。

在互联网思维的冲击下。高校的思想政治教育必须要加强对学生之间的交流互动，必须要和学生进行必要的信息互通。教师要了解学生的想法，学生要及时提出自己的问题。只有教师和学生之间保持良好的沟通交流，才能确保思想政治教育可以及时发现问题解决问题，确保思想政治教育的成果得到保障。

（二）互联网思维要求高校思想政治教育必须拓展新阵地

传统的思想政治教育主要是通过相关课程进行，而在课程的设置安排上又根本不能起到思想政治教育的作用，这就导致思想政治教育的要求和思想

政治教育的现实存在矛盾。在互联网思维的影响下，高校思想政治教育迎来新的机遇，即通过互联网思维开拓出全新的思想政治教育阵地，开展全新的思想政治教育活动。

不仅如此，互联网思维对高校思想政治教育新阵地开拓的要求并不全是因为课程设置的问题，更多的还是因为高校思想政治教育理念的传统落后。对不少的高校思想政治教育教师而言，其传统观念比较固定。对互联网思维了解不深，没有认识到互联网思维具有的优势以及其对思想政治教育形成的影响以和可以产生的作用。不仅如此，部分教师对思想政治教育工作的展开也存在认识不清的问题，对在什么样的环境下进行思想政治教育没有自己独到的见解。最终导致的后果就是不少高校在思想政治教育工作中没有_抓住互联网思维带来的机遇，相关工作不断落后、水平不断降低，最终引起思想政治教育与实际要求出现脱离。

（三）互联网思维要求高校思想政治教育工作必须实现多元化

目前高校的思想政治教育落于传统，不仅是在教育内容，还是在教育手段上，都存在单一化的问题，这和社会的多元化发展趋势相背离，是不符合社会发展规律的。不仅如此，互联网思维本身也具有多元化的发展趋势，其对高校思想政治工作产生冲击之后，就会导致高校思想政治工作必须朝向多元化发展。只有实现高效思想政治教育工作的多元化，才能取得更好地教育成果。在思想政治教育的内容上，需要结合互联网思维所具有的丰富庞杂的信息的特点。充分对其进行挖掘和处理，找出和思想政治教育相符合的内容，对其加工处理之后，用于思想政治教育工作。在教育形式上，可以对互联网思维进行充分开发，依托网络平台开拓出更多思想政治教育的阵地。

四、高校思想政治教育工作对互联网思维的应用

（一）立足网络，构建思想政治教育的信息化平台

要通过互联网思维进行高效的思想政治教育工作，首先就应该依托网络这一庞大的载体，构建一个信息化的平台，用作思想政治教育的基础阵地。构建网络信息化平台的好处在于可以通过网络平台，建立一个覆盖全校师生的思想政治教育工作宣传阵地，以此立足展开思想政治教育相关工作。构建思想政治教育信息化平台的第一步就是对平台功能进行搭建，从思想政治教育的目的出发，平台功能主要可以分为用户管理、权限设置、思想政治宣传、思想政治资源、互动交流区域等多个功能板块。通过这些板块。基本上可以实现思想政治教育工作的一些基本目的。其次，需要对网络平台的实际的构

建，彻底将基础功能板块进行反映出来。不仅如此，还需在网络平台上突出思想政治教育的核心理念。比如，在平台的显眼位置可以表示高校的校训，可以将思想政治宣传板块放在平台最核心的位置。最后，引导学生进入这一网络平台接受思想政治教育。教师可以通过组织一些活动，并通过该网络平台进行发布和协调，加强学生对这一平台的认识。

（二）挖掘互联网可用资源，多元化思想政治教育的内容

可以用于思想政治教育的内容是非常多的，这些资源广泛存在于互联网当中。由于高校的思想政治工作在互联网思维的冲击下必须朝向多元化的趋势发展，所以就应该对互联网的相关资源进行挖掘，实现思想政治教育的多元化。首先，必须对思想政治教育的核心目的进行辨析，并以此核心目的作为资源挖掘的引导，通过网络途径挖掘各类和该思想政治教育核心目的相匹配的资源。其次，在收集到足够多的网络资源之后，需要对这些资源进行处理和整合。就比如在通过"毛概"进行思想政治的教学时。如果但是依靠书本上的相关知识，那么思想政治教育的效果是十分有限的，非但不能引起学生的兴趣，还可能导致学生对相关课程感到枯燥厌烦。通过互联网挖掘和"毛概"相关的各类资源材料，将其进行处理整合之后，在课堂中用于教学，不仅可以丰富思想政治教育的内容，还可以吸引学生注意力，便于增强教育效果。

（三）充分利用各种互联网工具，加强师生交流

在思想政治教育中，师生交流是必不可少的。只有加强师生之间的交流，教师及时了解学生的想法以及存在的问题，学生及时根据自己存在的疑问进行询问，如此才能及时解决思想政治教育中产生的各类问题，以便教育效果能够得到体现。就目前的实际情况而言。微信是学生使用最多的互联网信息交流平台，通过微信，可以实现点对点以及点对面的信息传递。基于此，思想政治教育教师可以建立自己的微信公众账号，辐射整个班级中的学生，定期对学生推送一些关于思想政治教育的内容。不仅如此。还可以通过微信平台和学生进行点对点的交流，切实将思想政治教育的相关思想理念传达出去。此外，教师还可以建立思想政治教育交流 QQ 群，每天在交流群里和学生进行互动交流，拉近师生之间的关系，以便思想政治教育工作能够更好地展开。

（四）依托网络加强思想政治教育的宣传

思想政治教育工作不能仅仅依赖教师进行，也需要高校自身做出努力。毕竟教师一个人的力量是有限的，只有充分发挥高校自身的作用进行思想政治教育的宣传，才能引起学生和教师的注意，起到提升思想政治教育工作效

果的目的。微博就是一个覆盖率和传播速度都很高的信息载体，高校可以开设专门的官方微博用于思想政治教育的工作宣传。在官方微博上，可以定期发布思想政治教育的相关工作计划，或是思想政治教育的组织活动等等。通过微博这一覆盖面极广的信息平台，不仅可以让高校师生对思想政治工作形成关注和认识，还可以通过网络对其他人员产生影响，以此扩大高校思想政治教育工作的影响。除此之外，在各种智能终端 APP 不断出现的情况下，高校也可以设计专门用于思想政治教育工作的 APP，并且将一些和学生相关的工作关联到该 APP 上，这样不仅加强了思想政治教育和其他工作联系，还可以通过其他工作渗透思想政治教育，促使其成效最大化。

思想政治教育是高校的一项重点工作，在互联网思维的冲击下，思想政治教育相关工作必须做出对应的改变。从强化师生交流、丰富教育内容以及加强宣传等方面，切实将思想政治教育工作落到实处，使其在互联网思维的冲击下，面对新挑战新机遇可以焕发出更强的生命力。

第四节 互联网思维下高校思想政治教育的生态融合

随着信息技术的迅猛发展，互联网作为一种新兴媒体广泛应用于人们的学习、工作、生活等领域，型塑着人们的生活方式。互联网逐步从一种信息技术延伸为一种思维方式，重构人的思想意识。当前高校大学生，是互联网用户的主要群体，网络化已成为大学生一种新的生存方式。高校思想政治教育逐渐形成了现实（家庭、学校和社会）与网络空间两大教育场域，高校思想政治教育作为传播国家主流意识形态，引领大学生形成现代公民意识，树立科学三观，坚定政治立场的基本途径，在新兴媒体迅猛发展的历史背景下，必须凸显互联网思维的特征，借鉴互联网传播平台优势，实现高校思想政治教育生态的动态平衡，提升教育的针对性和实效性。

一、思想政治教育视域中互联网思维的价值关涉

互联网思维主要是指"在互联网、大数据、云计算等科技不断发展的背景下，对市场、对用户、对产品、对企业价值链乃至对整个商业生态进行重新审视的思考方式"。互联网思维更为凸显的是用户至上、简约极致的服务、共享的大数据，以达到提高商业利润的目的。互联网思维具有"平等性、互动性、开放性、合作性"的特点，其本质是一种"以人为本"的民主化思维，强调开放、透明、平等参与和去中心化。随着互联网技术的迅猛发展，互联网思维业已被广泛应用到各个学科领域。高校思想政治教育凸显互联网思维，

就是指思想政治教育主体在实施教育活动过程中对教育对象（大学生）、教育载体、教育内容、教育方式等整个生态系统进行的网络化思考方式。在思想政治教育学科视域中的互联网思维，强调的是迭代思维、平台思维、跨界思维和社会化思维等。

互联网思维强调迭代更新，强调高校思想政治教育的创新性。在网络化生存方式下，迭代更新思维是高校思想政治教育应当具备的基本思维，这代表着高校思想政治教育共同体在组织教育过程中，对教育目标的设定、教育内容的选择、教育载体的应用、教育方式的构思等，要符合网络信息发布和价值传播的客观规律，不断创新高校思想政治教育机制，进而使大学生形成新的理论感知模式。迭代更新的互联网思维要求高校思想政治教育生态系统必须与时俱进，不断更新，通过富有感染力的教育氛围、生动活泼的语言、教育内容和手段，实现对大学生的价值引领。

互联网思维凸显跨界思维，强调高校思想政治教育的公共性。虚拟空间成为高校思想政治教育的新场域，打破了传统的时空限制。网络技术、新兴媒体将高校思想政治教育空间拓展到新的公共领域，除了学校、社团、课堂等现实生活空间以外，还包括网络虚拟空间。因此，互联网的跨界思维就强调高校思想政治教育者要更新时空观念，打破传统教育模式的空间壁垒，深入研究如何利用网络资源的优化组合来实现对大学生价值观念引领和道德行为示范的有效路径。消除高校思想政治教育的排他性，通过对话和交流来提升社会主义主流价值观的引领力，塑造大学生健康的思维方式与行为方式，进而持续实现优化高校思想政治教育生态系统。

此外，互联网思维所具有的"合作性、开放性、个性化、碎片化"等特征区别于传统思维，高校思想政治教育在网络化生存新常态的背景下，要充分学习和借鉴互联网思维，重构高校思想政治教育的育人机制，形成"去中心化"的网络育人体系，建构大学生"交互参与"的网络平台，实现生态因子相互平衡的网络"育人生态"。同时，互联网思维具有网状思维特征，在一定程度上打破了传统高校思想政治教育的实体性思维，消融了传统教育的单向度思维，弥补了传统教育显性思维的不足。因此，高校思想政治教育强化互联网思维必须从系统论、网络化的维度重构教育生态，这为高校思想政治教育实现话语权威和价值引领提供了机遇，也带来了新的挑战。

二、互联网思维给高校思想政治教育生态系统带来的主要挑战

以互联网为代表的新兴媒体作为宏观生态系统中出现的一个变化因子，其广泛应用于大学生们的生活、学习过程中，并构成了一种新常态生存方式

即网络生存方式。网络作为高校思想政治教育的新介体，它丰富了高校思想政治教育的内容和教育方法，更新了教育者的育人理念，改变了大学生的理论认知模式，让高校思想政治教育全方位、全过程立体化育人成为现实。互联网思维给高校思想政治教育带来了诸多挑战，例如，教育环境愈加复杂和严峻，教师权威地位弱化，教育效果不明显，大学生的思维方式和行为模式发生新变化等，这些新变化、新常态正在使传统高校思想政治教育生态失去动态平衡。

第一，互联网思维强调的开放性、迭代更新、教育双方交互参与性，要求高校思想政治教育者不断优化教育理念。在网络化生存方式的新常态背景下，高校教师与大学生都在广泛的应用网络资源，教师和大学生的信息拥有量不再与传统的学历、年龄成正比，借助互联网等新兴媒介，大学生可以获得更多的价值信息，这种崭新的理论感知模式型塑着大学生的政治态度与政治意识。面对良莠不齐的网络信息，特别是西方国家有企图的文化渗透，对大学生的政治鉴别能力、政治责任感等具有一定的负面影响，同时这也给高校思想政治教育者的教育目标、手段、理念等提出了新的要求。

因此，作为高校思想政治理论课教师，首先要了解和熟悉互联网等新兴媒介所特有的平等性、生动性等特征，利用网络资源优势，借用微载体来增加教育活动的吸引力与亲和力。摒弃"前喻文化"的教育理念，把握大学生的心理需求，将社会主义核心价值观通过最优化的方式注入大学生的网络化生活方式当中去。互联网思维新常态下，就是要求教育主体系统分析和把握大学生精神发展的不同需求，引领和强化大学生的兴趣交集点，把握大学生政治素养和道德品质科学发展的新方向。

第二，互联网变革中大学生主体性地位以及参与教育过程的方式，要求大学生调整网络心理习惯。在社会生活中，"文化的交流、交融、交锋无时不在，软实力的竞争和价值观的较量愈演愈烈。不少国家竭力抢占价值观的制高点，鼓吹自己价值观的普世意义；不少文化体系着力于话语权之争，意图掌控价值观领域相应核心概念、范畴的定义权；不少具有鲜明意识形态色彩的理论学说纷纷假以学术的面目行销全球"。互联网的开放性让意识形态之争愈加激烈。网络世界实现了不同国家、民族、地区的社会思潮和意识形态的交融与共享，多元价值观、社会思潮涌现给大学生的精神生活带来困惑，造成思想上的混乱，出现民族意识淡薄、政治观念模糊等问题；同时，网络的虚拟性、匿名性，也降低了大学生的自律意识和责任意识，诱发大学生群体的道德失范行为。

另外，在网络化生存与现实生活的交替状态下，大学生长期游离于虚拟与现实之间，形成双重人格、双重身份，带来焦虑、空虚、迷茫等负面心理感受。因此，高校思想政治教育视域中的互联网思维，就是让教育者借用互联网资源优势、传播优势，不断强化社会主义核心价值观对大学生形成健康的精神生活方式，构建美好精神家园的科学意义，帮助大学生对思想行为中的"任性、傲慢"进行纠偏。回应网络生态中的"精神异化、物化、精神懈怠"等现象，用科学的价值观体系重构大学生的精神生活方式，为大学生在虚拟世界的健康发展提供精神力量，进而不断优化高校思想政治教育者与大学生之间的关系，实现对高校思想政治教育传播价值的重新解读。从大学生主体来看，"移动互联网显然不止是一种新的传播工具、传播平台，一定还包括新的影响逻辑与生存逻辑，正在形成新的生存规则"。大学生在网络化生存新常态下要努力更新思维方式，并将其转化为科学的心理习惯。

　　第三，互联网的生动性、个性化、针对性，要求传统高校思想政治教育环体改变介入方式。互联网、手机、电脑等移动传播媒介在大学生现代生活中的普遍使用，拓展与创新了高校思想政治教育环体的应用，为使用新兴的科学技术开展教育活动提供了有效的物质基础。"互联网＋"背景下的高校思想政治教育主要是利用以互联网为中心建构的新的价值传播的媒体平台，公开传播价值信息。它倡导以网络平等参与的方式进行对话和交流，将高校思想政治教育的主导性价值与最前沿的理论成果，通过系统的理论梳理在网络平台持续的资源化、产品化，进而实现成果的产业化发展，不断实现主流价值观的有效传播，实现价值引领的个性化和生动性。"互联网＋"背景下的高校思想政治教育环体不应该是封闭的体系，它一方面应该有利于激发高校教师积极的挖掘和创造新的教育内容，利用网络、手机、微信等新兴的传播形式，不断形成高校思想政治教育全方位育人的新格局；另一方面应该有利于实现大学生以主体身份平等、开放地在网络平台上参与高校思想政治教育活动，每一个网络参与活动者都是价值信息的发布员和辐射源，传统的"价值信息过滤"者失去了原有的平台。"互联网＋"背景下，需要高校教师重视互联网思维在教育活动和价值传播过程中的独特影响力，不断加强教育理念、教育内容、教育手段、教育目标、教育方式的共享与创新。不断提升大学生的幸福感，通过正能量的传播，使大学生学会在网络空间进行价值比对和行为鉴别，促进大学生形成理性的思维方式和高尚的道德情操。

三、生态融合：互联网思维下高校思想政治教育生态平衡策略

　　余胜泉认为"生态融合就是要实现技术环境下的教育系统性的流程革新

与系统性改造，建构起整合型的信息化教育新形态，为教师和学生的生活提供人本信息化空间。"互联网思维视域中的高校思想政治教育生态平衡，不仅是以互联网为代表的新兴媒体技术、工具与教育生态的融合，更是互联网与高校思想政治教育传统生态的有效融合。因此，必须从高校教师队伍建设、环境建设、内容建设、教学活动等方面着手，实现高校思想政治教育生态的动态平衡。

（一）转变观念：强化网络资源优势意识，树立网络社会新观念，以改变高校思想政治教育者的教育范式，优化师生生态链

高校思想政治教育者与大学构成了一个生态群体，是整个高校思想政治教育生态系统中的关键部分。而在这个群体中，教育者具有重要的作用，因此，高校思想政治教育者要转变观念，主动调整在"互联网＋"背景下的教育范式，以优化师生之间的生态链。

教育者要强化网络资源优势。面对海量、开放和即时的网络信息，传统高校思想政治教育者缺乏网络开发与整合的意识，导致大量的思想政治教育价值信息在网络空间得不到有效开发和使用，进而使思想政治教育的育人效果得不到提升。互联网思维新常态下，高校思想政治教育不仅需要将最新、最前沿的理论成果借用新媒体融入到教育内容之中，更重要的是融入理念、手段、形式、结构中，要符合大学生理论认知模式和心理习惯。因此，高校教师必须转化互联网思维的现代优越性，强化网络教育资源的开发意识，把价值信息与新媒体以及大学生的精神发展需要相联系起来，用新的传播手段与服务理念激发大学生的积极情感体验与生活实践，进而实现大学生对主流意识形态的认同和践行。因此，在互联网思维新常态下，高校思想政治教育者要充分利用网络空间与平台，更新网络教育资源意识，不断提高价值信息资源的投入与产出，实现高校思想政治教育的价值传播。

教育者要树立网络社会新观念。在"互联网＋"背景下，大学生从价值信息传播的消费者转变成为价值信息的生产者和发布者，获得了信息的自主权，成了"信息人"。大学生通过网络可以建立相对稳定的人际关系，现实生活逐步复制进入虚拟空间，在网络空间中的社会结构也逐渐趋同于现实社会，网络社会已经形成。"网络社会既有无序性，也有有序性；既有政治性，也有阶级性。"网络社会的形成给高校思想政治教育时间、空间、载体、内容、目标等提出了新的要求，这就要求高校思想政治教育者转变传统的实体性思维、显性思维和单向度思维，强化网络社会的新观念，优化教育理念，建立"个性化、去中心化"的思想政治教育网络育人社群体系。

（二）加强把关：营造健康积极的议题话语，界定与规范网络传播的价值底线，构建风清气正的数字化信息新环境

传统高校思想政治教育倾向于实体性思维，高校教师习惯利用课堂、教材、纸质媒体等传播思想政治教育的主导性价值信息，这种单向度教育模式，让大学生缺乏交互参与和发声的机会，导致高校思想政治教育的魅力被淡化。互联网思维新常态下的高校思想政治教育就是要充分利用图片、文字、声音、影像等多元方式传播价值信息，价值传播过程是一个交互参与的过程，大学生与教育者在平等交流、积极讨论的过程中形成良好的舆论氛围和凝聚力。但是，网络信息存在碎片化、海量化等特征，其蕴含的教育价值良莠不齐。因此高校思想政治教育者必须高度关注大学生网络舆论生态，利用网络平台设置健康议题和主流话语，将社会主流意识形态话语嵌入到互联网传播平台中，做好网络信息的"把关人"。此外，高校可借用校园网站，开设思想政治教育专栏，研发手机 APP，将校园价值信息通过互联网传播给大学生，加强校园官方微博、微信等公众号的建设，并鼓励大学生加以关注，形成多维的思想政治教育体系。高校思想政治教育者要做好网络教育内容的把关人，积极研发网络思想政治教育内容体系，用国家主流意识形态引领大学生的思维方式和行为方式，营造健康积极的议题和话语。

此外，互联网的广泛应用使得网络社会得以形成，网络化生存方式成为新常态，一方面意味着大学生可以高度参与思想政治教育活动过程，另一方面也意味着教育主体正面临着话语权被削弱、消解的困境。互联网等新兴媒体技术在大学生价值观塑造方面的功能越来越突出，因此有必要对网络传播的信息、网络行为等进行规范管理，界定思想政治教育网络传播的基本底线。高校教育者要通过网络平台引导大学生坚守国家主流意识形态的底线，不断增强大学生的责任感，坚决抵制三俗价值观念，不断优化网络行为秩序，在互联网平台弘扬真善美，引导大学生积极践行社会主义核心价值观，不断强化高校思想政治教育的精神凝聚力和网络舆论氛围，"引导大学生带头坚守法律法规底线、社会主义制度底线、国家利益底线、公民合法权益底线、社会公共秩序底线、道德风尚底线、信息真实性底线。"

（三）促进融合：借用网络资源与传播平台，创建生动、活泼的教育内容和类型多样的教育活动

创建生动、活泼的教育内容和类型多样的教育活动，就是通过网络新媒体将最新、最前沿的思想政治教育成果融入到教育内容中，通过多样的活动形式，实现高校思想政治教育的价值传播。首先，要提高吸引力。将教育内

容通过图片、视屏、影像的方式展现给大学生，甚至可以通过网络游戏的方式，让大学生们在游戏的过程中体悟到教育内涵。其次，要具有互动性。利用互联网的交互参与性特征，重视思想政治教育情境的设计和无缝学习空间的设计，方便大学生通过网络移动协作学习，使大学生融入到互联网价值信息的传播过程中，发表意见，相互讨论，在互动中提高教育效果。再次，要积极建构共建共享机制。高校教育者要调动大学生的主动性和积极性，充分发挥他们的创新精神，通过组织系列活动，如社会主义核心价值观的微小说创作比赛、微电影创作比赛等体现互联网思维特征的校园文化活动，鼓励大学生自主研发应用网站、挖掘网络教育产品，让大学生成为高校思想政治教育内容的建设者。

参考文献

[1] 郭理想 . 高校 BBS 平台思想政治教育策略研究 [D]. 西北农林科技大学硕士学位论文，2013.

[2] 潘威 . 高校思想政治教育网站建设研究 [D]. 太原科技大学硕士学位论文，2011.

[3] 史为磊 . 十六大以来大学生思想政治教育网站建设研究综述 [J]. 江西师范大学学报（哲学社会科学版），2013（1）.

[4] 孙兆静 . 高校思想政治教育网络载体的运行现状及建设对策研究 [D]. 西南大学硕士学位论文，2008.

[5] 林令阳 . 学生社团在大学生思想政治教育中的载体作用研究 [D]. 齐齐哈尔大学，2012.

[6] 杨瑞香 . 思想政治教育新媒体载体研究 [D]. 东北师范大学硕士学位论文，2012.

[7] 龙东新，李国珠 . 提高大学生思想政治教育有效性方法的研究 [J]. 教育教学论坛，2012（25）：59-60.

[8] 张宏伟，韩志勇 . 高校思政工作中网络载体运用分析 [J]. 赤峰学院报（汉文哲学社会科学版），2012（7）.

[9] 国家教育部 . 国家中长期教育改革和发展规划纲要（2010—2020 年）[M]. 北京：人民出版社，2010：25.

[10] 唐召云 . 基于互联网云平台空间的思政课教学方法创新及应用 [J]. 中国高等教育，2017（6）：201-202.

[11] 吴维忆 . 云端的霸权："大数据时代" 的双重隐喻批判 [J]. 探索，2015（4）：93-96.

[12] 习近平 . 把思想政治工作贯穿教育教学全过程开创我国高等教育事业新局面 [N]. 人民日报，2016-12-09（01）.

[13] 胡小爱 . 高校移动互联网络思想政治教育实效性提升策略 [J]. 文化学刊，2017（4）：106-110.